# A+K Weltenbummler – Türkei

Wir, A+K Weltenbummler, mit Namen Angela und Klaus, verreisen für unser Leben gern und haben in den letzten 30 Jahren viel gesehen und erlebt, haben Länder und Menschen kennengelernt. Dabei bereisten wir von der Karibik bis zu den Philippinen und vom Nordkap bis nach Kenia unsere schöne Erde. Je nach Erreichbarkeit erlebten wir die besuchten Länder im Rahmen einer Pauschalreise, per Wohnmobil oder individuell organisiert. In unseren Reiseberichten sind unsere Erlebnisse, Abenteuer und Entdeckungen mit vielen Bildern und in kurzweiliger Form niedergeschrieben. Sie können für die eigene Reiseplanung herangezogen werden oder einfach nur in fremde Länder entführen.

# Türkei

## Pauschalreise durch Kappadokien Alanya und Umgebung

von
A+K Weltenbummler

Bibliografische Information der Deutschen Nationalbibliothek:
Die Deutsche Nationalbibliothek verzeichnet diese Publikation
in der Deutschen Nationalbibliografie; detaillierte bibliografische
Daten sind im Internet über http://dnb.dnb.de abrufbar.

© 2016  A+K Weltenbummler

Herstellung und Verlag:
BoD – Books on Demand, Norderstedt

ISBN: 978-3-7392-4967-4

Im April diesen Jahres stießen wir im Fernsehen auf ein Angebot für eine Türkeirundreise mit anschließendem Badeurlaub zu einem sehr akzeptablen Preis. Da wir schon lange einmal nach Kappadokien wollten, kam dieses Angebot wie gerufen. Allerdings kam noch ein gewisser Betrag für das Zusatzpaket „Rundreise", in dem Mittagessen und Eintrittsgelder enthalten waren, dazu. Nachdem auch noch der Flughafenzuschlag angerechnet wurde, lagen wir schon bei knapp über 500,- Euro pro Person. Nicht mehr ganz billig, aber doch noch im Rahmen. Wir buchten gleich übers Internet und alles ging seinen Gang.

Bis zu unserer Abreise erreichten uns ziemlich viele schlechte Nachrichten aus der Türkei: katastrophale Flugzeuge, sehr schlechte Wasserqualität an den Stränden, schmutzige Hotels, Anschläge und Unfälle. Na, das kann ja heiter werden, zumal es das Schicksal in diesem Jahr auch überhaupt nicht gut mit uns meinte. Schon der Urlaub in Tobago im Mai war mit Hindernissen gespickt.

Nichts desto trotz ließen wir uns die Freude an diesem Urlaub nicht nehmen, zurücktreten kam nicht in Frage.

Als wir Anfang Oktober die Reiseunterlagen erhielten, traf uns ein weiterer Schlag. Der Flug geht am 12. Oktober um Mitternacht, die Landung ist für morgens halb vier in Antalya geplant und gleich am darauffolgenden Morgen soll schon die Rundfahrt starten. Würden wir da noch Zeit zum Schlafen haben? Ich war mir sicher – nein. Das heißt, wir werden achtundvierzig Stunden auf den Beinen sein. Dieser Urlaub wird ebenfalls nicht ohne Hindernisse bleiben.

Und der Rückreisetermin? Die Landung in Frankfurt soll zehn Minuten vor Abfahrt des letzten Shuttlebusses für diesen Tag sein. Den werden wir auf keinen Fall mehr erreichen. Wie sollen wir nach Hause kommen?

Aber eines nach dem anderen.

Um 19.30 Uhr am Abreisetag brachte uns ein Shuttlebus vom Flughafen Hahn zum Flughafen in Frankfurt. Um 23.55 Uhr startete das Flugzeug nach Antalya. Der Flug dauerte gut drei Stunden. Mit der Zeitverschiebung von einer Stunde landeten wir um 4.30 Uhr Ortszeit in Antalya. Das Flugzeug und der Flug waren in Ordnung, da war nichts zu beanstanden.

Nachdem wir die Koffer in Empfang genommen hatten, suchten wir unsere Reiseleitung, die draußen vor der Tür stand. Der gute Mann wies uns einen Bus zu, der uns ins Hotel bringen soll. Inzwischen zeigte die Uhr schon nach 5 Uhr. Wenn wir Glück haben, kommen wir vielleicht noch zu einer Stunde Schlaf, bevor die Rundfahrt beginnt.

Es dauerte eine ganze Weile, bis der Bus voll war und sich ein weiterer Reiseleiter sehen ließ. Er zählte kurz durch und dann ging die Fahrt durch Antalya los, bis der Bus vor einem Hotel hielt. Der Reiseleiter rief zwei Pärchen auf, die ihr Ziel damit erreicht hatten. Dann machte sich Unruhe breit. Es hatten wohl noch mehr Leute dieses Hotel auf ihrem Zettel vom Reisebüro stehen. Der Reiseleiter sagte nur, dass die Leute, die er aufgerufen hätte, hier aussteigen sollen, die anderen möchten im Bus bleiben. Auf unserem Zettel, und auf dem einiger anderer Mitreisender, war ein Acropol-Hotel

vermerkt. Also blieben wir im Bus und kümmerten uns nicht weiter um das Durcheinander, denn das hier war kein Acropol-Hotel.
Der Bus fuhr weiter und hielt ein weiteres Mal vor einem Hotel, welches ebenfalls anders hieß, als das auf unserem Zettel. Wir wurden auch diesmal nicht aufgerufen.
Beim dritten Hotel wurden alle, die noch verblieben waren, zum Aussteigen aufgefordert. Wieder war es nicht das Acropol-Hotel. Die Aufregung war bei allen groß, denn die meisten hatten diesen Hotelnamen in ihren Unterlagen. Jetzt stand der Bus jedoch vor irgendeinem Beach-Hotel. Die Koffer wurden ausgeladen und der Bus fuhr weg. Die einzige Erklärung war, die ich dem Reiseleiter noch entlocken konnte, dass alle diese Hotels unter dem Oberbegriff „Acropol" geführt werden.
So meldeten wir uns alle an der Rezeption an, wo die Schlüssel ausgegeben wurden. Allen stand die lange Nacht ins Gesicht geschrieben.
Als Klaus und ich an der Reihe waren, standen unsere Namen nicht auf der Liste. Na super, das wird immer besser, es war kurz vor Sechs.
Der Reiseleiter hatte noch gesagt, dass wir um 7 Uhr zum Frühstück gehen sollen, denn um halb acht trifft der Bus für die Rundfahrt ein.
Jetzt mussten wir auch noch warten, bis der letzte Mitreisende seinen Schlüssel hatte.

Crystal Beach Hotel in Antalya

Blick vom Zimmerbalkon zum Meer

Blick ins Landesinnere

Als wir endlich das Zimmer beziehen konnten, war es nach halb Sieben und es blieben ganze zwanzig Minuten, um uns notdürftig frisch zu machen. Das ist unzumutbar, ich werde einen entsprechenden Brief an das Reisebüro schreiben. Schließlich hatten wir diese Nacht im Hotel bezahlt. So geht es nicht. Ich hörte dann noch von einigen anderen Leuten, dass sie sich ebenfalls deshalb beim Reisebüro melden würden.

Pünktlich um 7.30 Uhr kam der Bus für die Rundfahrt, in dem schon Leute saßen. Alle, die heute früh mit uns gekommen waren, noch ein paar andere Leute und wir stiegen ein. Der Reiseleiter in diesem Bus stellte sich als Hüssein vor, begrüßte uns und wünschte uns eine schöne Rundfahrt. Vor der Abfahrt zählte er seine Schäfchen durch, er zählte noch einmal und ein weiteres Mal, dann fragte er nach „Lange" und wir meldeten uns. Hüssein fragte uns, ob wir die Tour nach Ephesos gebucht hätten. Klaus und ich sahen uns an: Ephesos, nein, das liegt doch an der Ägäis, so weit wollten wir nicht fahren. Wir verneinten seine Frage, womit nun zwei Leute mehr als auf seiner Liste gemeldet, nämlich wir, im Bus sitzen. Das Maß war jetzt voll: erst kein Hotelzimmer, dann auch noch im falschen Bus. Was sollten wir denn jetzt tun? Hüssein meinte, dass er telefonieren wird.
Irgendwo und irgendwann in den nächsten drei Tagen könnten wir in den richtigen Bus umsteigen. In den ersten drei Tagen fahren die meisten Busse ziemlich die gleiche Strecke. Wir sollten erst einmal in diesem Bus mitfahren.
Als es dann losging, durch Antalya nach Osten, an der Küste entlang in Richtung Alanya, gab uns Hüssein grobe Informationen über den Ablauf der Rundreise und legte uns gleich die Teilnahme an einem außergewöhnlichen türkischen Abend nahe. Wenn man als Tourist in Kappadokien ist, sollte man sich auf keinen Fall diesen Abend entgehen lassen. Kostenpunkt 25,- Euro pro Person, inklusive Getränke bis zum Umfallen. Die Meldung dafür müsste umgehend geschehen, damit noch Plätze gesichert werden können. Alle meldeten sich.
Als nächstes Highlight pries Hüssein eine Ballonfahrt über die Kappadokische Welt an. Kostenpunkt hier: 120,- Euro pro Person. Das ist ein Schnäppchen gegenüber den Angeboten zu Hause, doch es meldeten sich nur vier Leute. Dieser Preis ist für die normale Urlaubskasse doch ein ganz schöner Brocken, der bei den meisten nicht vorgesehen ist.
Zuletzt legte man uns ans Herz, für das Hotel im Badeurlaub der zweiten Woche „All inklusiv" nach zu buchen. Das ist mit 49,- Euro pro Person recht günstig, zumal bei Halbpension keinerlei Getränke enthalten sind. Normalerweise buchen wir immer nur Halbpension, weil wir mittags sowieso nie etwas essen, doch angesichts der Tatsache mit den Getränken ist es eine Überlegung wert.
Wir saßen noch keine Stunde im Bus und hatten schon 150,- Euro, die nicht eingeplant waren, ausgegeben. Wenn das so weitergeht, werden wir wohl einiges verpassen müssen.
Ein paar Kilometer hinter Manavgat bog der Bus in das Taurus-Gebirge ab und fuhr nach Konya weiter. Dabei überquerten wir den höchsten Pass der Türkei, der auf tausendachthundertfünfundzwanzig Höhenmetern liegt. Die Bergwelt ist recht kahl,

die Baumgrenze liegt bei etwa zweitausend Meter. Das heißt, dass es hier sicher empfindlich kalt werden kann.

auf der Küstenstraße

das Taurus-Gebirge in der Ferne

durch das Taurus-Gebirge

kleine Ortschaft im Nirgendwo

Die Straße führt durch eine herrliche Bergwelt mit grünen Tälern. Irgendwann ließen wir das Gebirge hinter uns und eine flache Landschaft öffnete sich, die nur hier und da von kleinen Hügeln durchbrochen wird. Die Vegetation wird immer spärlicher, Steine über Steine prägen zumeist das Bild.

Gegen 11 Uhr legte der Bus auf einem Parkplatz einen Stopp ein. Hüssein teilte Klaus und mir mit, dass wir hier auf den richtigen Bus warten sollen. Nach allem, was bis jetzt passiert war, erklärte ich ihm jedoch, dass wir nur solange warten werden, bis er weiterfährt. Sollte der andere Bus bis dahin nicht hier sein, werden wir wieder bei ihm einsteigen. Der Parkplatz liegt mitten in der Prärie. Was, wenn der Bus nicht kommt? Das Risiko wollten wir nicht eingehen.

Neben einem Restaurant finden sich auf dem Parkplatz auch Souvenirläden. Die Pause war lang genug, um sich in Ruhe umzusehen. Es war unsere erste Bekanntschaft mit türkischen Souvenirläden, die neben vielem anderen auch Schmuck, Kunstgewerbe, Lebensmittel und Kaschmirschals anbieten. Für uns war dieser Rundgang nur informativ.

Dann kam tatsächlich der richtige Bus. Unser neuer Reiseleiter Oktay stellte sich vor und bat uns einzusteigen, denn sie wollen gleich weiterfahren. Wir luden unsere Koffer um und stiegen in den Bus. Fast alle Plätze waren besetzt und wir suchten uns die hintersten, auf einer Stufe stehenden Plätze aus. Von hier haben wir einen tollen Rundblick über die Köpfe der anderen Reisegäste hinweg.

Kurz vor Konya fuhr der Bus einen weiteren Rastplatz an, zum Mittagessen. Oktay bat uns vor den Restaurant auszusteigen und erklärte, dass er vorgehen und uns die Tische zeigen werde, an denen wir das Essen einnehmen könnten.

Wir betraten das Restaurant und wussten nicht, was wir denken sollten. Der Saal war proppenvoll mit Leuten, die sich offensichtlich auf die zirka acht Busse, die draußen stehen, verteilen. Um den uns zugewiesenen Tisch zu erreichen, mussten wir uns durch die Leute kämpfen, die gerade unterwegs waren, um sich ihr Essen am Büffet zu holen. Nachdem jeder seinen Platz gefunden hatte, bestellten wir etwas zu trinken und kämpften uns jetzt unsererseits zum Büffet durch. Das war kein Vergnügen, sondern Massenabfertigung allerhöchsten Maßes. Das Essen schmeckte zwar, aber Klaus und ich sahen auch, dass wir bald wieder an die frische Luft kamen.

Die Fahrt wurde nun über Konya in Richtung Aksaray fortgesetzt. Das nächste Ziel sollte das Ihlara-Tal sein. Auf dem Weg dahin fiel mir im Dunst der flachen Landschaft ein kegelförmiger Berg auf. Ich war mir sicher: das muss ein Vulkan sein. Wir kamen ihm immer näher und endlich klärte Oktay seine Reisegäste über diesen Berg auf. Es ist ein Vulkan, mit dem Namen Hassan. Er ist einer von drei großen Vulkanen, die die kappadokische Landschaft erschaffen haben, vor langer, langer Zeit natürlich.

Kurz vor Aksaray gab es erneut eine Pause. Der Berg Hassan war inzwischen ganz nah.

unser Reisebus

der Berg Hassan zeigt sich im Dunst

weitere Vulkane

in Aksaray

Gegen 16 Uhr erreichten wir das Ihlara-Tal, in dem sich zur Zeit der Christenverfolgung, vor knapp zweitausend Jahren, die verfolgten Menschen versteckten. Sie legten hier ihre Höhlenwohnungen und Felsenkirchen an, die man heute noch bewundern kann. Das gesamte Ihlara-Tal ist ein gut vierzig Kilometer langer Einschnitt in die Tuffstein-Landschaft. Tuffstein ist vulkanischen Ursprungs und sehr weich.

Nachdem Oktay die Eintrittsgelder bezahlt hatte, erreichten wir zuerst eine Plattform, von der aus man einen schönen Blick über diesen Abschnitt des Tals hat. Leider war es schon ziemlich spät, die Sonne stand nicht mehr hoch genug, um das Tal mit Licht zu füllen. Wer wollte, konnte sich über etliche Stufen auf den Grund des Tals begeben, sollte aber bedenken, dass der Aufstieg nicht so einfach wie der Abstieg ist.

Klaus und ich ließen es uns nicht nehmen, den Abstieg zu wagen. Der Weg ist gesäumt von Pistazienbäumen, die wir hier zum ersten Mal sahen. Außerdem prägen Pappeln überall das Bild. So weit im Süden hatte ich keine Pappeln mehr erwartet, doch die Türkei ist voll davon.

Kurz vor der Talsohle führt ein Abzweig zu einer Felsenkirche, in der noch etliche Malereien erhalten sind. Diese Malereien sind auf Kalkputz aufgebracht, der leider

schon an vielen Stellen mitsamt den Malereien abgebröckelt ist. Der Raum ist nicht groß, besitzt zwei Seitenschiffe und eine Altarnische mit dem Abbild von Jesus.
Nicht weit entfernt erkennt man eine weitere Höhlenwohnung, zu der man aber unter größerer Anstrengung hinabsteigen muss. Darauf verzichteten wir doch lieber.
Dann nahmen wir den letzten Abschnitt in Angriff. Ein Bach fließt durch das Tal und macht es richtig romantisch. Überall liegen große Steine und Felsbrocken herum.
Ein Wegweiser dient als Hinweis auf weitere Felsenkirchen, die im ganzen Abschnitt verteilt sind. Über eine Brücke gelangt man, auf der anderen Seite des Baches, rechterhand zu zwei weiteren Kirchen. Deren Eingänge liegen allerdings einiges über dem Erdboden. Der Weg zu den links gelegenen Kirchen war für die Kürze der Zeit zu weit, außerdem muss man viel klettern und dafür hatte ich nicht die richtigen Schuhe dabei.

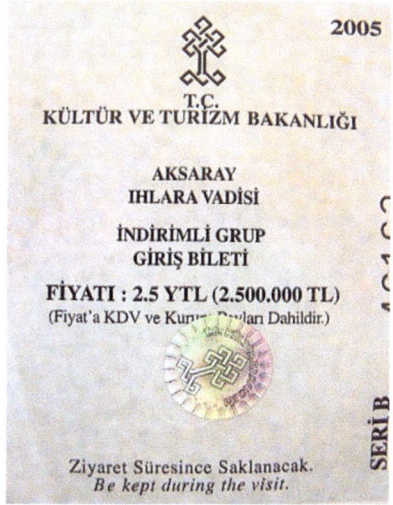
Eintrittskarte zum Ihlara-Tal

Blick ins Ihlara-Tal

Pistazienbäume

Höhlenwohnung

Talsohle des Ihlara-Tals    Eingang einer Felsenkirche

Hinweise auf Felsenkirchen im Tal

Deshalb machten wir uns langsam wieder an den Aufstieg. Der ist leichter als vorher angenommen, da die Stufen sehr gut begehbar sind. Immer wieder sahen wir uns in dem schönen Tal um.

Als alle wieder im Bus saßen, konnte die Fahrt in Richtung Göreme weitergehen. Jedoch war nicht Göreme unser heutiges Ziel, sondern Ürgüp, wie sich nach einer langen Zeit der Unsicherheit herausstellte. Reiseleiter Oktay befand es nicht für nötig, seine Gäste darüber aufzuklären, auf welcher Strecke sie entlang fahren, wo es hingeht und wie lange sie noch unterwegs sein werden. Inzwischen wurde es dunkel und wir fuhren eine Stadt nach der anderen an, um dann nur durch sie hindurchzufahren. Obwohl es allen nicht geheuer war, meldete sich niemand.

Gegen 19.30 Uhr erreichten wir dann endlich das Hotel „Merit Inn" in Ürgüp. Es war ein sehr langer Tag, zusammen mit dem Tag vorher. Klaus und ich bekamen streckenweise nicht viel mit, da wir wenigstens hin und wieder etwas für unsere müden Augen tun mussten. Auf der heutigen ungefähr vierhundertfünfzig Kilometer langen Fahrt blieb genug Zeit zum Dösen.

Immerhin bekamen wir so viel von der abwechslungsreichen Landschaft bis hierher mit, dass wir immer wieder Vergleiche mit anderen Ländern ziehen konnten. Es gibt Karstgebiete wie in Kroatien, grüne Hügel wie in Griechenland, etwas weniger grüne Hügel mit viel Steinen wie im Kaukasus, norwegische Tundra mit sehr niedrigen Pflanzen, dann eine endlose Ebene als baum- und strauchlose Wüste. Ölweiden prägen das Bild. Sie sehen wie Olivenbäume aus, sind aber größer und haben gelbe Früchte, die zumeist zu Mehl verarbeitet werden, weil sie sehr trocken sind.

Völlig geschafft stiegen wir aus dem Bus, schnappten unsere Koffer, nahmen die Zimmerschlüssel in Empfang und verschwanden im Zimmer.

Das Abendbrot war wieder eine Massenabfertigung. Zwar sollten Schilder auf den Tischen stehen, aber als wir kamen, gab es kaum noch Platz. Klaus und ich holten uns etwas zu essen und suchten dann irgendwo einen freien Platz. Das Essen war auch nicht gerade das Beste. So sahen wir zu, dass wir baldmöglichst auf unser Zimmer und zum Schlafen kamen.

Hotel "Merit Inn" in Ürgüp

Blick vom Hotel in die Stadt

Um 9 Uhr wurde die Rundfahrt fortgesetzt. Wir konnten das Gepäck im Hotel lassen, denn wir würden heute Abend wieder hierher zurück kommen.
Beim Frühstück ging es glücklicherweise etwas ruhiger zu, die meisten Leute waren schon früh abgefahren.
Zum Beginn der Fahrt erklärte Oktay, was das Wort Kappadokien bedeutet. Die Hätiter, die bis vor zweitausend Jahren in diesem Land lebten, gaben ihm den Namen. Kappadokien bedeutet: Land der schönen Pferde. Die Hätiter züchteten sehr gute Pferde, mit denen sie in der Lage waren, ihre Kriege zu gewinnen, zum Beispiel gegen die Ägypter, die ihre Eroberungszüge bis hier hoch ausdehnten.
Außerdem ist Kappadokien das Land der „Tanzenden Derwische". Am heutigen Folkloreabend werden wir Bekanntschaft mit den tanzenden Derwischen machen. Dabei tanzen die Derwische nicht richtig. Sie drehen sich nur immer und immer wieder um ihre eigene Achse, einen Arm in die Höhe haltend, den anderen Arm zum Boden weisend. Das heißt in etwa: Gott, du hast uns gemacht und auf die Erde gebracht. Jetzt streben wir danach, wie du zu sein und das unsere Seele Erleuchtung erlangt. Dabei „tanzen" sich die Derwische in Trance.
Das erste Ziel ist heute das Freilichtmuseum von Göreme. In diesem Gebiet ist eine ganze Stadt mit Höhlenwohnungen, Felsenkirchen und Klöstern erhalten. „Erbaut" wurde diese Stadt im 8. bis 12. Jahrhundert. Zum Teil sind noch die christlichen Malereien erhalten, viele wurden jedoch von den nachfolgenden muslimischen Völkern zerstört.
Die Reiseführer begleiten erklärend ihre Touristengruppen durch die Anlage. Allerlei Informationen zu den Sehenswürdigkeiten strömen dabei auf die Besucher ein. Klaus und ich blieben vorerst bei unserer Gruppe. Vor jeder Kirche mussten wir jedoch warten, bis die vorherige Gruppe wieder herauskam. Erst dann durften wir das Innere betreten. Oktay erläuterte das Innere der Kirchen und die Malereien dazu. Nach der dritten Kirche wurde uns das zu viel, denn in einer Stunde sollte unsere Gruppe wieder am Parkplatz sein. Wenn das so weiter geht, sehen wir nur einen Bruchteil dieser Anlage.

So beschlossen wir, auf eigene Faust loszugehen. Wir folgten dem Rundweg und schauten mal hier und mal da hinein, Kirchen und Wohnungen, Lagerräume und Speisesäle. Ab und zu schlossen wir uns anderen Reisegruppen an und bekamen dadurch noch ein paar weitere Informationen. So erschloss sich uns ein grobes Bild vom damaligen Leben der Leute hier.

erster Stopp in der kappadokischen Landschaft

Feenkamine, auch Zipfelmützen genannt    wie in einer anderen Welt

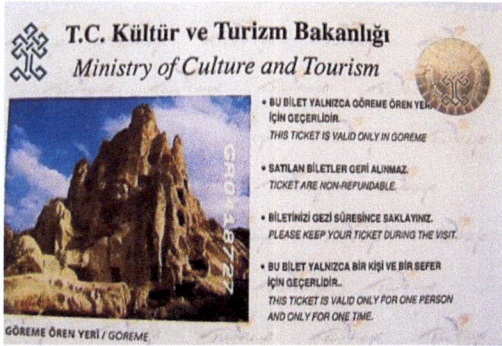

Eintrittskarte nach Göreme

7-stöckiges Kloster

Felsenkirche

Freilichtmuseum Göreme

Speisesaal

Wohnung

Auf dem Weg zum Parkplatz befindet sich noch eine große Felsenkirche, die man besichtigen kann. Eigentlich sind es zwei Kirchen in einer. Wir betraten die Kirche und wurden von einem Angestellten begrüßt, der uns durch diese Gemäuer führte. Zuerst sollten wir ein paar Stufen in den Keller hinabsteigen. In einer Seitennische neben der Treppe erkennt man Gruben, in denen früher die Särge standen. Solche Vertiefungen im Boden gibt es in fast jeder Kirche. Das Besondere daran ist, dass sie manchmal im gesamten Boden verteilt sind, man also darüber hinweg laufen muss.
Der Kellerraum diente als Gruft, in deren Wandnischen wahrscheinlich die Särge von Leuten in höheren Positionen aufgebahrt wurden.
Links neben dem Eingang zur Kirche liegt der Küchenraum. Er besitzt kein Fenster und die Wände und Decken sind rußschwarz. Da war das Kochen sicher kein angenehmer Job.
Dann sahen wir uns den Kirchenraum an, dessen Wände und Decken über und über mit Malereien bedeckt sind, alles noch original und riesengroß, beeindruckend.
Jetzt war es langsam an der Zeit zum Bus zurück zu kehren. Am Rand des Parkplatzes breitet sich ein kleiner Basar aus. Am ersten Stand bot jemand original türkisches Eis an. Da konnten wir nicht vorbei gehen, probieren müssen wir es. Ein Eis kostet gut zwei Euro. Da die Wahl zwischen Vanille und Schoko liegt, nahm ich Vanille, Klaus entschied sich für Schoko. Das Eis schmeckt recht gut, wenn es auch, wie soll ich sagen, zäh ist. Naja, es ist irgendwie ein Klumpen, der sich schlecht lutschen lässt.
Inzwischen schlenderten wir weiter an den Buden entlang, in denen Souvenirs aller Art angeboten werden. Jeder Händler bat uns hineinzuschauen, aber wir sahen uns nur die Auslagen draußen an. Dabei fand ich einen schönen großen, aber dennoch filigran gearbeiteten, silberfarbenen Ring mit einem echten, rosafarbenen Halbedelstein, für nur fünf Euro. Was für ein Stein das ist, konnte ich leider nicht heraus bekommen.
Gleich nebenan saß eine alte Frau, die Handarbeiten anbot, Decken und Deckchen in allen Größen. Nur weiß ich nicht, was das für eine Handarbeitstechnik ist. Die Deckchen sind weder gehäkelt noch gestrickt, auch nicht geklöppelt. Die Frau machte das mit irgendwelchen Knoten und einer Art Nadel. Wir sahen ihr eine Weile lang zu und kauften dann ein kleines Deckchen aus reinen Seidenfäden.

Eisverkäufer

An einem der letzten Stände wurde wieder Eis verkauft. Der Verkäufer rührte gerade in dem Bottich herum und hob den Rührlöffel mitsamt dem Eis heraus. Wir staunten nicht schlecht. So etwas hatten wir noch nicht gesehen. Da hatten wir die Erklärung für die eigenartige Konsistenz des Eises, die uns vorher aufgefallen war. Dieser Klumpen sah schon merkwürdig aus. Da ich zu spät auf den Auslöser meiner Kamera drückte, bat ich den Verkäufer, das noch einmal zu wiederholen. Er tat es dann auch, amüsierte sich über uns und wir kauften ihm noch ein Zitroneneis ab.

Um 12 Uhr kehrten wir irgendwo am Weg in einem Restaurant zum Mittag ein, in dem wir bis jetzt die ersten Gäste waren. Wir nahmen auf der Terrasse Platz, von der man einen herrlichen Blick über diese merkwürdige Landschaft hat.

Wir bedienten uns am offenen Büfett. Das Essen schmeckte und wir konnten uns an der Landschaft gar nicht satt sehen. Leider versteckte sich die Sonne gerade hinter den Wolken und es wurde kühl. Bald trafen zwei weitere Busse ein.

Da noch genügend Zeit blieb, machten Klaus und ich uns auf, das Dorf zu erkunden, in dem das Restaurant liegt. Es gibt keine festen Straßen, deshalb spazierten wir zuerst ein paar Trampelpfade entlang. Dabei stießen wir immer wieder auf Höhlenwohnungen und Zipfelmützen, wie man diese Tuffkegel landläufig nennt, aus denen ebenfalls Wohnungen heraus gemeißelt wurden.

Es ließ sich kein Einheimischer sehen, nur hier und da ein Tourist. Das Dorf wirkt wie ausgestorben.

Nach einer Weile stießen wir dann doch auf eine Asphaltstraße. Sogar zwei weitere kleine Restaurants und auch Pensionen fanden wir. Am Straßenrand trafen wir überraschend auf eine „Onyx-Fabrik", will heißen: ein Stand mit einer Drehmaschine und verschiedenen Werkzeugen zur Onyx-Verarbeitung. Wir fanden jedoch niemanden, der dazu gehört.

Bisher kannte ich Onyx nur als schwarzen Stein. In der Türkei wurde ich nun eines besseren belehrt. In sehr vielen Souvenirgeschäften findet man allerlei Gegenstände aus einem grün-braunen, durchscheinenden Stein. Das ist also auch Onyx. Man lernt eben nie aus.

überall erheben sich Zipfelmützen mit Wohnungen darin

in einen Hang gegrabene Höhlenwohnung

neue Bauten auf alten Ruinen

die Zeit scheint still zu stehen       "Onyx-Fabrik"

Nach der prima Stärkung fuhren wir durch das Tal von Göreme nach Ockonak, wo die Besichtigung einer unterirdischen Stadt auf dem Programm steht. Wir hatten gehört, dass diese unterirdischen Städte bis zu dreißigtausend Menschen und die benötigten

Haustiere aufnehmen konnten. Entsprechend gespannt waren wir, was wir zu sehen bekommen würden.

Der Eingang zu dieser unterirdischen Stadt liegt direkt am Rande eines Parkplatzes und wird heute von einem kleinen Häuschen überdacht.

Zuerst folgten wir einem schmalen Gang ein Stück weit hinunter, bis wir auf einen großen Raum mit mehreren starken Pfeilern stießen. Am anderen Ende des Raumes gelangt man durch einen sehr niedrigen und ebenfalls schmalen Gang in einen weiteren Raum. So lernten wir Wohnräume, Lagerräume, sogar einen Weinkeller mit Kelterbecken und einiges mehr kennen. Hin und wieder finden sich tiefe Schächte in den Fußböden. Das waren wohl Zisternen, denn auch die Wasserversorgung musste in schwierigen Zeiten gewährleistet werden. Abzugsschächte in den Decken sorgten für frische Luft.

Manche Gänge konnten mit einer Art Mühlstein von innen verschlossen werden. Es war für Angreifer wohl unmöglich, hier zum Zuge zu kommen.

Ockonak

in der unterirdischen Stadt von Ockonak

Leider war schon nach zehn Minuten Schluss. Das war eine sehr kleine Stadt. Zurück im Tageslicht schlenderten wir an den allgegenwärtigen Souvenirständen vorbei und ein wenig die Straße hinunter, um uns die Häuser und Gärten dieses Dorfes anzusehen. Wir wollen nicht immer nur Touristenpfade begehen, sondern auch ein wenig vom Land mitbekommen. Klaus und ich nutzten jede nur mögliche Gelegenheit dafür.

Nicht weit von Ockonak liegt eine weitere, vielleicht die schönste Sehenswürdigkeit Kappadokiens, Paşbağa. Hier sehen die Zipfelmützen besonders lustig aus, denn sie haben einen Hut aus einem dunklen, härteren Gestein auf. Hier gibt es auch das vielleicht schönste Café in einer Zipfelmütze. Oktay meinte, dass wir uns diese Zipfelmütze bis unters Dach ansehen könnten. Wir waren sehr neugierig. Nachdem wir die Treppe zum Eingang hinaufgestiegen waren, standen wir im Gastraum mit Teppichen an den Wänden und auf dem Boden, Sitznischen und der Theke. An der Seite steht eine Hühnerstiege, die weiter nach oben führt. Wir erklommen sie und landeten in einem weiteren, prachtvoll ausgestatteten Raum. Das wiederholt sich viermal, wobei die Stiegen immer schwieriger werden. Im Raum unter der Spitze

stehen sogar Wasserpfeifen auf den „Tischen". Durch die kleinen Fenster kommt Licht herein, aber ganz zeitgemäß wurde hier zusätzlich elektrisches Licht verlegt, wenn auch etwas abenteuerlich. Ist das gemütlich hier!
Dann stiegen wir wieder ab und genehmigten uns einen Mokka, zu dem Pistazien gereicht wurden. Es ist wirklich schön hier, da hält man es eine Weile aus.

Paşbağa – eine Sehenswürdigkeit

5-stöckiges Café in einer Zipfelmütze

Doch wir wollten uns noch weiter zwischen den merkwürdigen Zipfelmützen umsehen und so gingen wir auf Entdeckungstour. Überall wächst Wein am Boden und stehen Aprikosenbäume. In fast jeder Zipfelmütze sind Wohnungen, Restaurants, sogar ein Hotel untergebracht. Wir wollten uns die Gegend bis in die letzte Ecke ansehen, aber dafür reichte leider die Zeit nicht. Dieses Fleckchen Erde ist einfach grandios.
Natürlich reihen sich auch hier Souvenirbuden, die um die Kunden buhlen. Die Busse kommen und gehen.

Zipfelmützen mit Hut - einmalig

Jetzt wurde es doch schon langsam dämmrig und wir mussten uns beeilen, noch rechtzeitig ins Tal der Kamele zu kommen. Kurz bevor die Sonne hinter den Bergen verschwand, erreichte der Bus einen Parkplatz. Wir stiegen aus und konnten die „Kamele" bewundern. Wir hatten richtige Kamele erwartet, stattdessen stehen dort Tuffsteinskulpturen, die wie Kamele aussehen, ein Wunder der Natur.

Während sich die anderen alle schon wieder den Souvenirständen widmeten, ging ich ein Stück spazieren und stieß dabei auf eine Ölweide. Sie trug sogar noch Früchte, obwohl normalerweise die Früchtezeit vorüber ist. In der Türkei ist es genauso Herbst wie in Deutschland. Ich angelte mir ein paar als „Souvenir".

im Tal der Kamele             Früchte der Ölweide

Ein paar hundert Meter hinter diesem Parkplatz, der Straße weiter folgend, hielt der Bus ein letztes Mal. Die Sonne verabschiedete sich gerade und wir konnten einen letzten grandiosen Blick über die kappadokische Landschaft werfen. Morgen werden wir dieses Land verlassen und nach Konya weiterfahren.

fantastische Landschaft             unterirdisches WC

An diesem Abend trafen wir relativ früh wieder im Hotel ein. Das war gut so, denn heute Abend findet der Folkloreabend statt.

Wir machten uns nach diesem staubigen Tag frisch, gingen zum Abendbrot, bei dem es heute nicht mehr ganz so chaotisch wie am Vorabend zuging, und um 20.30 Uhr fuhr der Bus nach Uçhisar ab. Nach ungefähr zwanzig Minuten kamen wir dort an. Inzwischen war es dunkel und von der Umgebung ließ sich nichts erkennen. Der Eingang zu den Gasträumen ist relativ klein, ein Gang führt nach unten in einen großen Saal mit mehreren Sitznischen. Die Einrichtung hat einen leicht orientalischen Touch. Klaus und ich suchten uns einen Platz mit Übersicht, denn ein paar Tische stehen jeweils auf einem Plateau. Auf den Tischen standen Obstschalen und alkoholfreie Getränke, sowie Mais und Kichererbsensnacks. Bestellen konnten wir uns Bier, Wein oder Raki. Da der türkische Wein kaum zu trinken ist, hielten sich die meisten an Bier oder Raki.

Dann begann die Vorstellung. Wir bekamen die Tanzenden Derwische zu sehen, Volkstänze, Bauchtanz und dazwischen immer wieder Einlagen des kleinen Musikensembles. Eine nachgespielte Hochzeitszeremonie bildete den krönenden Abschluss. Nachdem sich das Brautpaar das Ja-Wort gegeben hatte, luden sie viele Gäste ein. Das heißt, es musste vom Publikum jeder mittanzen, der greifbar war und sich nicht stark genug wehrte. Die Polonaise führte nach einer Weile nach draußen auf den Hinterhof, wo gerade ein großes Lagerfeuer entzündet wurde. Klaus und ich tanzten zwar nicht mit, doch von dem Lagerfeuer wollten wir auch etwas mitbekommen und so folgten wir der Polonaise. Es wurde immer weiter getanzt, bis das Feuer fast heruntergebrannt war. Damit war die Vorstellung zu Ende und die Disco begann. Gerade, als wir richtig warm wurden, kam der Aufruf zum Aufbruch und der Bus fuhr zum Hotel zurück. Das war wirklich ein sehr schöner türkischer Abend, nicht zu übertrieben, alles recht natürlich und dadurch schön.

Die Einnahmequelle Nummer Eins der Türkei ist die Landwirtschaft, gefolgt vom Tourismus. Da Kappadokien nicht viel landwirtschaftlich nutzbares Gelände besitzt, werden die Flächen für den Obst- und Gemüseanbau genutzt, die es erlauben. Hauptsächlich werden hier in großem Stil Kartoffeln und Kürbisse, deren Kerne wegen, angebaut. Es wachsen aber auch Wein, Aprikosenbäume, Zitronenbäume und Walnussbäume. Lagermöglichkeiten hat Kappadokien allerdings reichlich, nämlich die Höhlen. Obst und Gemüse, das gelagert werden soll, kommt fast aus dem ganzen Land hierher. Die Bedingungen unter der Erde sind optimal dafür. Das nur mal am Rande.
Heute Morgen brachen wir nach Konya auf. Dabei fuhr der Bus auf der alten Seidenstraße über Nevşehir nach Aksaray. Mehrere alte Karawansarayen säumen den Weg. Die bauten die Seldschuken für die Karawanen, die zwischen Europa und China hin- und herpendelten. Von den meisten Karawansarayen ist jedoch nicht mehr viel übrig, nur selten sind sie auch heute wieder Raststätten, vor allem für die Touristen.
Die Landschaft ist einzigartig, mit vielen alten Vulkanen, auf den Feldern wimmelt es nur so von Lavabrocken. Die Erde scheint hier besonders fruchtbar zu sein, jedoch machen die unendlich vielen Steine die Arbeit auf den Feldern wohl eher schwerer.

Zum Mittag trafen wir in Konya ein. Es standen schon acht bis zehn Busse vor dem Restaurant, trotzdem ging es gesittet zu. Die Abstimmung zwischen den Veranstaltern schien jetzt besser zu funktionieren. Das Essen schmeckte auch, zum ersten Mal auf dieser Tour bekamen wir Lammfleisch angeboten.

Weinanbau

tanzender Derwisch in Konya

Konya ist die größte Stadt in der Zentraltürkei. Sie zählt eine Million Einwohner und besitzt viel Industrie: Zement, Mehl, Möbel, das größte Mercedes-LKW-Werk außerhalb Deutschlands und Lederwaren.

Unser Ausflugsziel ist das Mevlana-Kloster. Mevlana, Mitglied des Sufismus, die Bruderschaft der Derwische, lebte und arbeitete im 13. Jh. hier und liegt hier auch begraben. Seine Lehre war, dass sich alle Menschen lieben und verstehen sollen, ganz gleich welcher Herkunft und welchen Glaubens. Er wollte den vollkommenen Frieden.

Eintrittskarte zum Kloster

im Mevlana-Kloster

gesellige Stunden (lebensechte Figuren)

wieder tanzende Derwische

Küche - alles wirkt echt

Gelehrte beim Studium

in der Moschee des Klosters

Mevlanas Grab, entgegen seinem Wunsch sehr prunkvoll

Mevlana Moschee

Stadtansicht in Konya

kurzer Spaziergang durch Konya

Die Besucher können sich im Kloster, welches mitten in der Stadt neben einer großen Moschee steht, frei bewegen. Der Gemeinschaftsraum mit Küche ist zu besichtigen, die

Studier- und Wohnzimmer der hier lebenden Männer, das Kloster selbst, welches eigentlich eine Moschee ist, und den Park. Alles liegt auf kleinsten Gelände, entsprechend eng geht es mit den vielen Touristen zu.

Klaus und ich nahmen uns ein weiteres Mal Zeit, auch die Umgebung zu erkunden. Wir schlenderten ein Stück durch die Stadt und kamen dabei am neben dem Kloster liegenden Friedhof vorbei. Uns interessierte, wie alt die Leute hier so werden. Dabei stießen wir auf eine Merkwürdigkeit. Auf fast keinem Stein steht das genaue Geburtsdatum drauf, nur das Jahr. Das ist noch nicht merkwürdig, aber uns fiel auf, dass bei ungefähr der Hälfte aller Steine das 14. Jahrhundert als Geburtsjahr angegeben ist, das Sterbejahr mit dem 20. Jahrhundert. Werden die Leute hier bis zu sechshundert Jahre alt? Ich wollte Oktay danach fragen, aber der hatte sich inzwischen als ziemlich unzugänglich erwiesen, so dass ich mich nicht traute, ihn zu fragen, wie das sein kann. Erst nach dem Urlaub bekam ich die Antwort auf diese Frage. Hier ist sie: Die islamische Zeitrechnung begann am 15. Juli 622, als der Prophet Mohammed aus seiner Vaterstadt Mekka nach Jathrib zog, der späteren Stadt des Propheten Medina. Hier fand er bessere Voraussetzungen für sein Wirken. Diese Auswanderung nennt sich Hedschra und begründet die islamische Zeitrechnung. Ein weiterer Unterschied zu unserer Zeitrechnung ist, dass der islamische Kalender nur 354 Tage zählt, also elf Tage weniger. Damit lässt sich auch erklären, warum der Ramadan irgendwie immer auf verschiedene Termine im Jahr fällt. So sieht man wieder, reisen bildet doch. Wieso jedoch die beiden Zeitrechnungen auf den Grabsteinen auftauchen weiß ich immer noch nicht.

Nach diesem Besuch fuhren wir in das nächste Hotel unserer Rundreise, namens „Özkaymak". Mann, ist das vornehm, nach den anderen Hotels, die wir bis jetzt bewohnt hatten. Nach dem Schlüsselempfang bezogen wir die Zimmer.

Da es noch eine ganze Weile bis zum Abendbrot hin war, bummelten wir ein Stück durch die nähere Umgebung. Dabei umgab uns so dreckige Luft, dass ich nach zwei Stunden kaum noch Luft bekam. Wir liefen die Hauptstraße auf der einen Seite hoch und auf der anderen Seite wieder zurück, dann sahen wir uns in dem großen Einkaufszentrum um, dass dem Hotel gegenübersteht. Von Klamotten über Schuhe und Spielzeug wird für jeden Geldbeutel etwas angeboten. Fresstempel sorgen für das leibliche Wohl.

Dann hatten wir genug, spazierten ins Hotel zurück und sahen uns dort noch etwas um. Das „Özkaymak" ist ein Vier-Sterne-Hotel und wirklich gut, alles sauber, alles da, sogar mit Pool, Sauna und türkischem Bad. Deren Nutzung ist im Zimmerpreis enthalten, nur die Massagen müssen bezahlt werden. Für eine halbe Stunde Ganzkörperölmassage sind zehn Euro jedoch ein mehr als angemessener Preis.

Das Abendbrot war gediegen und schmeckte, nur das Bier war mit vier Euro unverschämt teuer. Die drei Euro, die wir bisher bezahlten, empfanden wir schon als viel.

Zum Baden und Saunieren verspürten wir keine Lust mehr und so gingen wir nach dem Abendbrot auf unser Zimmer. Es war ein langer Tag.

Die Rundfahrt startete heute erst um 9 Uhr. Das ist ganz schön anstrengend, wenn man so früh aufsteht, den ganzen Tag unterwegs ist und sich ständig im Aufnahmemodus befindet. Wenn an manchen Tagen viel Programm auf dem Plan steht, dann geht es schon um 7.30 Uhr los.

Das heutige Ziel ist Pamukkale. Die Fahrt war weit und führte uns auch durch Akşehir. Dort lebte zur seldschukischen Zeit (11.-12. Jahrhundert) ein „Till Eulenspiegel". Sein Name war Nasreddin Hocha und er trieb schon damals seine Späße mit der Obrigkeit. Seine Geschichten sind, wie bei unserem Till Eulenspiegel, in einem Buch zusammengefasst. Allgegenwärtig in dieser Gegend wird Nasreddin Hocha mit einem riesigen Turban und verkehrt herum auf einem Esel sitzend dargestellt. Er ist bis heute lebendig geblieben.

Die Landschaft auf diesem Weg ähnelt zuerst der ungarischen Puszta, steinig, kahl, mit Ziehbrunnen hier und da, total eben. Ab Akşehir wachsen wieder mehr Bäume und Sträucher und es wird grüner.

Neunzig Kilometer vor Denizli aßen wir zu Mittag. Das Restaurant liegt mitten in der Landschaft und sieht wie ein Krankenhaus aus, absolut steril, außerdem ist es drinnen kalt. Die kleinen Lüfter schaffen es kaum, die Räume zu heizen. Seit gestern Abend regnete es die ganze Nacht hindurch bis jetzt, kurz vor diesem Restaurant. Wir machten uns schon Sorgen um den Ausflug in Pamukkale. Nach zwanzig Jahren hatten wir es nun endlich geschafft, hierher zu kommen und dann ist alles verregnet. Das haben wir nicht verdient.

Kurz hinter dem Restaurant fuhr der Bus an einem Natronsulfatsee vorbei. Solch einen See sahen wir zum ersten Mal. Das Wasser sieht gräulich aus und es fehlt eine ganze Menge Wasser, so dass die Ufer ebenso grau sind. Der See ist einhundertfünfzig Meter tief und absolut giftig, aber knapp neben seinem Ufer grasen schon wieder Kühe. Aus dem Natron des Wassers werden Waschmittel und Seifen hergestellt. Die Fabrik dafür steht gleich nebenan.

Hinter dem See ragen Berge auf und Oktay erzählte, dass hinter diesen Bergen ein weiterer, sehr großer Salzsee liegt, der um die einhundertfünfundsiebzig Meter tief ist. Das ist eine ziemlich ungesunde Gegend hier.

In Denizli bogen wir Richtung Pamukkale ab, dann sind es nur noch ein paar Kilometer. Zuerst besichtigten wir die Nekropole, die Totenstadt, von Hierapolis. Die antike Stadt Hierapolis liegt oberhalb von Pamukkale. Der Bus parkte vor dem Eingang der Nekropole und wir hatten Gelegenheit, uns die Grabstätten und Mausoleen aus der Nähe anzusehen. Das meiste ist noch recht gut erhalten, manches durch die vielen Erdbeben und den Zahn der Zeit zerstört.

Nach zwanzig Minuten stiegen wir wieder in den Bus und fuhren durch die Anlage den Berg hinauf, wo wir am Eingang zur alten Stadt Hierapolis erneut parkten. Hier übernahmen im Laufe der Geschichte die Römer die Herrschaft und drückten der Stadt ihren Stempel auf.

Sie bauten große Tore, wie das Hadrianstor im Norden, ein Amphitheater und so weiter. Von den Wohnhäusern ist kaum noch etwas übrig, doch man kann erkennen, dass diese Stadt riesig war. Auf den benachbarten Hügeln sind weitere Ruinen zu sehen.

die Nekropole von Hierapolis

römische Ruinen in Hierapolis          Hadrianstor

Gänge, Wege, Mauern und Bögen

Gleich nebenan befinden sich die Kalksinterterrassen von Pamukkale. Pamukkale heißt übersetzt: Baumwollfestung (Pamu = Baumwolle, Kale = Festung). Eigentlich meint diese Bezeichnung „Weißes Schloss", weil die Kalksinterterrassen normalerweise weiß in der Sonne leuchten. Jetzt waren sie eher grau, die Sonne fehlt. Wenigstens regnete es nicht mehr. In Pamukkale hatte es überhaupt nicht geregnet.

Wir näherten uns dem Naturschauspiel von oben. Im Moment kann man die Terrassen nur von einer Stelle aus betreten, und nur hier fließt auch Wasser. Wie wir bei unserem Rundgang feststellten, wird die gesamte Anlage gerade verschönert. Dafür wurde der Zufluss des Quellwassers an den meisten Stellen unterbunden. Trotzdem ist es interessant, diese Terrassen einmal selbst zu sehen. Leider sieht ohne Sonne alles irgendwie grau aus, wie schon erwähnt.

Wir zogen unsere Schuhe aus und betraten dieses merkwürdige Gestein. Das Wasser, das unsere Füße umspülte, tritt oben aus den Quellen mit einer Temperatur von sechzig Grad zu Tage, kühlt sich dann aber auf dem Weg nach unten durch die Luft schnell ab. Die Bassins, die sich durch die Terrassen gebildet haben, sind bis zu knietief. Wir gingen ein Stück den einzigen, heute noch begehbaren Weg hinunter und staunten über das, was sich uns da bot.

im Ort Pamukkale

Beginn der Kalksinterterrassen

ein unwirkliches Bild

ein Naturwunder

Kalksinterterrassen von unten gesehen

Merkwürdigerweise ist das Kalkgestein nicht glitschig, auch wenn es so aussieht, so dass wir uns gut bewegen konnten.
Am Fuße der Terrassen sieht es aus, als wäre dort der Bau einer Freizeitanlage mit vielen Wasserbecken im Gange. Die Bagger modellieren gerade das Gelände, die ersten Gebäude sind in der Entstehung begriffen.
Auf halbem Weg nach unten kehrten wir um, denn wir wollten uns die Terrassen auch noch ein Stück weiter oben ansehen. Überall entstehen gerade neue Wege und Nischen zum Sitzen, hier und da werden Kanäle angelegt, durch die das heiße Quellwasser zu den Terrassen fließen und sich einen Weg nach unten suchen kann.
Kurz bevor wir uns am Bus treffen sollten, spazierten Klaus und ich noch zum „Antik-Pool" der Anlage. Beim Betreten des Gebäudes steht man vor den Souvenirgeschäften, und man kann seinem leiblichen Wohl etwas Gutes tun. Verlässt man das Gebäude am anderen Ende, steht man vor einem Pool. Der ist sehr nett und antik angelegt, so mit umgestürzten Säulen im Wasser und vielen grünen Pflanzen drum herum. Der Pool wird von den warmen Quellen aus dem Berg gespeist.

Nach der Besichtigung, inzwischen zeigte die Uhr 17.30 Uhr, bezogen wir unser Hotelzimmer des „PAM THERMAL HOTEL" in Karahayıt, gleich neben Pamukkale gelegen. Es ist ein schönes Hotel mit warmen Mineralwasserbecken und Pool.
Vor dem Abendbrot machten wir noch einen Abstecher ins Örtchen. In der Einkaufsstraße reihen sich die verschiedenen Läden. Wir schlenderten einmal durch und wurden aus jedem Laden angesprochen. Das ist echt lästig, daher reagierten wir kaum noch darauf.
Auf dem Rückweg entschieden wir uns, in einem kleinen Lokal einzukehren. Es bot Lammspieße an, genau was unserem Appetit entsprach. Das Ambiente ist sehr türkisch, mit Teppichen an der Wänden und auf dem Boden, Sitzecken und sogar einem Backofen. Auf das Essen im Hotel konnten wir heute gut verzichten, mit Lammspießen im originalen Ambiente konnte das nicht mithalten. Zu den Lammspießen wurden Reis, Salat und Bohnenbrot gereicht. Ich trank einen Tee dazu, Klaus ein Bier. Für alles zusammen bezahlten wir 10,- Euro, ein echt super Angebot.
Auf dem Hinweg waren wir an einem Weinladen vorbeigekommen, der ausdrücklich liebliche Weine anbietet. Den steuerten wir jetzt für eine Weinprobe an. Einmal wollen wir es noch versuchen, vielleicht gibt es hier einen trinkbaren Wein. Der gute Mann schenkte uns von den beiden lieblichen Weinen, die er im Sortiment hat, ein und wir probierten. Huuuh, ist das ein Zeug. Mit Wein hat das wenig zu tun und lieblich sind die auch nicht. Dafür wollte er fünf Euro pro Flasche haben. Also, beim besten Willen, das war kein Geschäft für uns.
Im Hotel zurück, statteten wir der Therme einen Besuch ab. Die ist ganz großartig gemacht, im Stil eines Gewölbes, mit zwei Wasserbecken. Eines ist mit ziemlich heißem Wasser um die siebenundvierzig Grad gefüllt, das andere mit etwas kühlerem Wasser. Das dieses Wasser sehr mineralhaltig ist, lässt sich an den roten Ablagerungen sofort erkennen.
Es kostet einige Anstrengung, in das heiße Wasser zu steigen, und man kann auch nicht sehr lange drin bleiben. Trotzdem macht es Spaß und ist bei dem kalten Wetter draußen genau das Richtige.
Endlich gönnten wir uns unser erstes türkisches Bad. Hier ist es zwar nicht kostenlos, aber jetzt muss es sein. Der Bademeister verwöhnte uns mit warmen Duschen, einem Peeling, einem fantastisch luftigen und cremigen Schaumbad mit Massage, einer Haarwäsche und weiteren warmen Duschen. Es war einfach herrlich und wir waren wohl noch nie in unserem Leben so sauber wie jetzt. Unsere Begeisterung kannte kaum Grenzen.

Um 9 Uhr war heute Abfahrt nach Aphrodisias (Geyre), einer Ruinenstadt aus der Zeit der Römer. Wir bekamen eine Führung und konnten das Theater, das römische Bad, das Stadion, den Markt und den Aphrodite-Tempel besichtigen. Es ist eine großzügige Anlage mitten in einer Ebene, sehr schön gelegen. Auf den umliegenden Hügeln sind weitere Ruinen erkennbar.

In den Räumen des Museums sind die Stücke ausgestellt, die auf diesem Gelände ausgegraben wurden, angefangen von Gewandnadeln, über Geld bis hin zu großen Statuen.

Ruinen, soweit das Auge reicht

Theater

Marktplatz

das Bad

Stadion

Das Wetter war heute super, man merkt, dass die Küste nicht mehr fern ist. Die Gegend ist voll von Feigenplantagen und Zitrusfrüchten. Alles ist herrlich grün.

Zum Mittagessen kehrten wir in der Nähe ein. Zum ersten Mal wurde das Essen serviert und zum ersten Mal schmeckte ich das türkische Olivenöl. Das ist so gut, dass ich mir gleich einen großen Schluck nahm, den ich mit Bohnenbrot aufsog. Das ganze Mittagessen hätte für mich aus Brot und Olivenöl bestehen können, aber die anderen Gänge waren auch nicht schlecht. Als Vorspeise gab es Salat und Rührei mit Tomate. Als Hauptgericht standen drei Gerichte zur Wahl: Kalbsspieß, Geflügelspieß oder Forelle. Klaus und ich nahmen diesmal Forelle, die recht gut schmeckte. Dazu wurde mit Käse oder Hackfleisch gefülltes Fladenbrot gereicht. Äpfel bildeten das Dessert. Das Essen war so reichhaltig, dass wir uns anschließend kaum noch bewegen konnten.

Auf der Rückfahrt nach Karahayıt kamen wir an zahllosen Baumwollfeldern vorbei, wo gerade die Ernte in vollem Gange ist. Dafür werden Saisonarbeiter angestellt, die meistens in Zelten bei den Feldern untergebracht sind. Es ist eine anstrengende Arbeit, gebückt und kaum vorwärtskommend.

Außer den schon genannten Früchten baut man auch Oliven, Granatäpfel und Tabak an.

Markttag irgendwo unterwegs

Schon gegen 16 Uhr trafen wir im Hotel ein und konnten uns deshalb heute so richtig auf das Thermalbad einstellen. Heute früh sahen wir, dass man auf dem Dach des Thermalbades auch baden kann. Das hatten wir gestern im Halbdunkel gar nicht mitbekommen. Das Dach ist den Sinterterrassen von Pamukkale nachempfunden. Ganz oben, sozusagen als Krone, steht ein Quellstein, aus dem das siebzig Grad heiße Wasser nur so heraussprudelt und sich in die Bassins ergießt. Je tiefer man die Terrassen herunter klettert, um so kühler wird das Wasser. Der Grund der Bassins ist mit dickem Kalkschlamm bedeckt, mit dem man sich hervorragend einreiben kann. Das soll gut für die Haut sein.

Solange die Sonne noch auf diese Badeterrassen schien, blieben wir dort oben. Dann wurde es zu kühl und wir wechselten in die Bassins des Gewölbes. Um 18 Uhr ließen wir uns eine Stunde lang bei einer Ganzkörperölmassage verwöhnen.

Wir genossen das Thermalbad so lange wir konnten und gingen erst gegen 20 Uhr zum Abendbrot.

Die Sonne strahlte bei unserer Abfahrt nach Antalya, endlich wird es wärmer. Im Landesinneren und in den Bergen ist es um diese Jahreszeit doch schon empfindlich kalt.
Als wir durch Denizli fuhren, erzählte Oktay, dass dies die Stadt der Hähne ist. Dem Hahn zu Ehren steht mitten in der Stadt ein großes Denkmal. Die Hähne können von allen Hähnen auf der Welt am längsten krähen. Der Weltrekord liegt bei sechsundzwanzig Sekunden nonstop-krähen und wurde hier in Denizli aufgestellt.
Irgendwo zwischen Denizli und Şerinhisar hielt der Bus an einem Teppichknüpfzentrum an. Man empfing uns sehr nett und klärte uns über die türkische Teppichknüpferei auf. In Istanbul besuchten wir vor einigen Jahren schon einmal solch eine Teppichknüpferei und kannten vieles daher schon, trotzdem hörten wir uns alles noch einmal an. Es ist doch wieder einmal interessant. Vor allem arbeiten hier Frauen aus der Umgebung, und wer nicht in solch einem Teppichknüpfzentrum arbeiten kann, macht das zu Hause. Die Arbeitsmaterialien bekommen die Frauen von der Knüpferei gestellt.

in einer Teppichfabrik

Allerdings zeigte man uns auch etwas Neues. Diese Teppichknüpferei stellt die Knüpffäden, seien sie aus Baumwolle, Wolle oder Seide, selbst her. Nachdem wir den Knüpferinnen bei der Arbeit zugesehen hatten, wurden wir in einen Nebenraum geführt. Dort erfuhren wir, wie aus einem Kokon der Seidenraupe ein Seidenfaden wird. Die Vorführung war höchst interessant.
Zuerst werden die Kokons der Seidenraupe in einen Bottich mit siebzig Grad heißem Wasser gelegt. Dadurch lösen sich die Fäden ein wenig voneinander. Die Raupen, die verpuppt in diesem Kokon liegen, werden dabei leider getötet. Sie sterben jedoch nicht umsonst. Man kann sie entweder essen oder aber sie werden in der Kosmetikindustrie weiterverwendet. Aus ihnen gewinnt man das Seidenprotein, das in fast jeder Kosmetik enthalten ist.

Wenn dann die Kokons weich genug sind, werden einige von ihnen mit einer Art Reisigbesen im Miniformat herausgeholt und über eine Spule gelegt. Darauf werden die Fäden „gesponnen".

Ein Kokon enthält einen 1,2 bis 1,4 Kilometer langen Faden. Der Anfang des Fadens wird für die Textilindustrie verwendet. Er ist nicht fein genug, da die Raupe in diesem Stadium noch keine Erfahrung hatte.

Das innere Ende des Fadens ist auch nicht gut genug für die Teppichindustrie. Das wird in der Medizin verwendet, als Nähfaden bei Operationen, als Zahnseide und so weiter. Da hatte die Raupe keine Kraft mehr.

Doch alles, was dazwischen liegt, ist beste Qualität und genügt den Anforderungen der Teppichindustrie.

der Rohstoff Seide

Herstellung der Seidenfäden

Die Vorträge der verschiedenen Leute waren wirklich sehr interessant und mit sehr viel Spaß an der Arbeit herüber gebracht. Das Zuhören machte wirklich Laune und so blieb auch vieles hängen.

Im nächsten Raum zeigte uns ein alter Mann aus Zentralanatolien, wie man die Wolle färbt. Er hatte ein paar Bottiche mit verschiedenen Naturfarben vor sich stehen. In diesem Hause werden ausschließlich Naturfarben verwendet. Der Mann selbst war ein Unikum. Er sprach nicht eine Fremdsprache, konnte die Vorträge aber in elf verschiedenen Sprachen halten, bis hin zu Japanisch, alles auswendig gelernt.

Das Indigo ist eine wundersame Farbe. Der Mann hielt ein Bündel weiße Wolle in die Farbe, schwenkte es ein paar Mal und holte es an die Luft. Zuerst war die Wolle gelb, doch nach und nach färbte sie sich blau, wie von Zauberhand. Je länger die Wolle im Farbbad verbleibt, um so dunkler wird das Blau. Das gilt logischerweise auch für die anderen Farben. Je länger das Farbbad dauert, umso intensiver wird die Farbe. Auf diese Weise kann man eine ganze Palette an Farben herstellen, doch bei keiner Farbe sonst ändert sich der Farbton, nur beim Indigo.

in der Färberei  gefärbte Wolle

Das Mittagessen nahmen wir heute einhundertdreißig Kilometer vor Antalya ein. Das Restaurant liegt auch hier mitten in der Landschaft, nur ein paar Häuser stehen in der Nachbarschaft. Das Taurusgebirge beginnt hier.

durch das Taurusgebirge zurück zum Meer

Nach einer aufregenden Fahrt durch die Berge erreichten wir die Küstenlandschaft und konnten Antalya schon sehen. Es ist eine sehr große Stadt.
Zuerst fuhr der Bus durch die ganze Stadt bis an das Ostende durch, wo wir eine Lederfabrik besuchten. Nach einer kleinen Modenschau der hauseigenen Produkte wurden wir in den Verkaufsraum geführt. Diese Fabrik verarbeitet nur Lamm- und Schafleder. Die Qualität ist hervorragend. Das Leder ist äußerst weich, knittert nicht, ist wasserabweisend und auch ein Feuerzeug kann ihm nichts anhaben. Die Schnitte sind zumeist exquisit, ebenso die Preise. Für Otto-Normalbürger ist da kaum etwas dabei.

Nur eine unserer Mitfahrerinnen kaufte sich eine Jacke mit kurzem Schnitt und aus schmalen Streifen zusammengenäht, für über viertausend Euro.
Klaus und ich schlenderten nur kurz durch die Räume und wurden dabei immer wieder angesprochen, bis wir uns das ausdrücklich verbaten. Dann verließen wir die heiligen Hallen und warteten an der frischen Luft.
Gegen 17 Uhr bezogen wir ein weiteres Hotel der Rundfahrt, das „Ring-Hotel" mitten in der Stadt. In diesem Hotel schlief ein Teil unserer Gruppe schon in der Nacht der Ankunft in der Türkei, oder auch nicht, wegen des verspäteten Eintreffens.
Wir brachten die Sachen hoch und machten uns anschließend zu einen Spaziergang auf. Da das Hotel direkt an einer Kreuzung steht, konnten wir uns aussuchen, welche Richtung wir nehmen wollen. Wir entschieden uns, aus dem Hotel kommend, gleich rechts zu laufen. Geschäfte an Geschäfte reihen sich die ganze Straße hinunter aneinander. Wir waren noch nicht weit gegangen, als wir auch schon das Meer sichteten. Durch Zufall hatten wir uns, zu unserer Freude, für die richtige Richtung entschieden. Leider wurde es gerade dunkel.
Nach der Überquerung der Küstenstraße gelangten wir in ein Terrassenlokal mit Blick über die Bucht von Antalya und dem kleinen Hafen. Im Dämmerlicht sieht alles irgendwie geheimnisvoll aus. Um diesen Ausblick zu genießen, setzten wir uns an einen Tisch und bestellten einen Tee.
Danach schlenderten wir weiter an der Küste entlang, bis zu einem anderen Restaurant, das ebenfalls eine Terrasse mit Blick über den Hafen hat. Diesen Blick riskierten wir noch und spazierten dann in aller Ruhe Richtung Hotel zurück.
An der Kreuzung steht ein Einkaufszentrum mit Boutiquen, in dem wir uns ebenfalls umsahen. Die Geschäfte locken mit schönen Kleidern, von teuer bis preiswert. Uns interessierte eines der Kleider, welches leider ohne Preis ausgestellt war. Es war eng und lang geschnitten und schwarz mit schräg geschwungenen Silberstreifen verziert. Als wir uns endlich entschieden hatten, hatte der Laden geschlossen.
Heute nach dem Abendbrot war ein Saunabesuch angesagt. Sauna und türkisches Bad waren zwar im Zimmer als kostenlos ausgezeichnet, aber das türkische Bad kostete trotzdem 15,- Euro. So beließen wir es bei der Sauna.
Während einer der Ruhepausen las ich eine Tafel, auf der die Geschichte des türkischen Bades aufgeschrieben stand. Der Text war in Englisch und so konnte ich nur ein paar Sachen verstehen. Und zwar brachten die Türken, die ursprünglich aus Mittelasien stammen, vor sechshundert Jahren das türkische Bad nach Anatolien, wie fast das gesamte heutige türkische Gebiet auch heißt. Begründet wurde die türkische Badekultur von den Sultanen und anderen hochgestellten Leuten, die mitsamt ihrem Harem regelmäßig und ausgiebig zu baden pflegten.

Heute beginnt die zweite Urlaubswoche, der Badeurlaub. Vor dem Hotelwechsel stand ein Besuch beim Juwelier auf dem Programm. Um 9 Uhr war Abfahrt. Der Bus setzte uns in der Nähe der Lederfabrik bei D-Jewelery ab. Dort erklärte man uns zuerst, wie der Schmuck hergestellt wird und wo die Edelsteine herkommen, die hier verarbeitet werden. Dabei konnten wir ein paar Schmuckherstellern bei ihrer ganz schön anstrengenden Arbeit auf die Finger sehen.

Dann öffnete sich die Tür zu den Ausstellungsräumen. Oh, wie es glitzert und funkelt. In den Vitrinen funkeln Silber- und Goldschmuckstücke mit und ohne Edelsteinen um die Wette, zurückhaltend oder opulent. Für jeden Geschmack ist etwas dabei, nur nicht für jeden Geldbeutel. Dabei heißt es, dass man in der Türkei Schmuck günstig kaufen kann. Was uns hier geboten wurde, fand ich weit überteuert. Die Hälfte des Preises wäre auch noch genug und angemessener gewesen. So blieb uns auch hier wieder nur das Schauen und uns der netten Bedienung zu erwehren. Jeder Kunde hat seinen persönlichen Verkäufer, der einem auf Schritt und Tritt folgt, bis wir auch hier deutlich werden mussten.

Auf dem Weg nach draußen durchquerten wir einen Bereich mit wesentlich moderateren Preisen. Hier hätte ich gern ein Stück gekauft, aber ich konnte mich bei der Vielfalt nicht entscheiden.

Jetzt können wir uns bald ausruhen und Urlaub machen, denn wir nahmen die letzte Etappe in Angriff. Oktay hatte sich klammheimlich davongemacht. Er hatte sich bei unserer Gruppe nicht gerade mit Ruhm bekleckert. Unter einer Reiseleitung verstanden wir alle etwas anderes als er, jedenfalls waren alle von Oktays Art enttäuscht. Alle hätten gern mehr Informationen über Land und Leute gehabt, wären gern hier und da einmal zusätzlich ausgestiegen und vor allem wären alle gern über die Fahrten aufgeklärt worden, die wir unternommen haben. Wie gesagt, man fuhr vollkommen blind durch die Gegend und wusste nicht, wann wir wo ankommen würden. Seine Aufgabe beschränkte er auf die Erläuterungen bei den Sehenswürdigkeiten. Zugänglich war er zudem schon gar nicht. Naja, es ist nicht zu ändern, wir gehen besseren Zeiten entgegen.

Um 11.30 Uhr setzte uns der Bus am „Aydinbey-Gold-Dreams-Hotel" in Türkler ab. Wir luden die Koffer aus und standen erst einmal da. Anscheinend kümmerte sich hier niemand um uns. An der Rezeption standen schon Massen von Leuten, die sich anmelden wollten. Nun wollen wir dasselbe tun und eine viertel Stunde später kam der nächste Bus, dessen Leute sich auch alle anmelden wollen. Es war ein heilloses Durcheinander. Also in Sachen Organisation konnte die Reisegesellschaft nicht punkten. Wir waren sauer. Irgendwann, so nach einer Stunde, bekamen wir dann endlich unseren Schlüssel. Die Fernbedienung für den Fernseher drückte man uns für 20,- Euro Kaution auch gleich noch in die Hand. Da wir vollkommen abgebrannt waren und es auch überhaupt nicht einfach war, während der Rundfahrt an Geld zu kommen, standen wir im Moment ohne Bares da. Deshalb hinterlegte ich meinen Pass als Kaution, den brauchte ich sowieso jetzt nicht.

Das Hotel besteht aus zwei Häusern. Unser Zimmer lag im zweiten Haus, das hinter dem ersten Haus und dem Restauranttrakt liegt. Es ist ein Fünf-Sterne-Hotel und sieht auch so aus. Das zweite Haus besitzt eine riesige Lobby, die bis unters Dach offen ist. Die Zimmer liegen an den Außenseiten des Hauses, zu denen man über innenliegende Balkongänge gelangt. So etwas hatten wir bisher noch nicht gesehen. Wir fanden das eine tolle Architektur. Ebenso konnten wir uns über die Zimmer nicht beschweren. Bei den bisherigen Hotels hatten wir den Eindruck, dass das Hotels für Kurzaufenthalte sind. Aber das Aydinbey-Gold-Dreams-Hotel lädt zu einem längeren Aufenthalt ein. Im Kellerraum sind die Sauna, das türkische Bad, ein Hallenbad, Massageräume, ein Friseur, ein Maniküreraum, die Disko, ein Freizeitraum und das Konferenzzimmer zu finden. Was braucht man mehr? Im Außenbereich befinden sich der Pool, eine separates Becken mit Rutsche, ein Planschbecken und die Bühne. Wir fühlten uns hier gut aufgehoben, nachdem wir das Chaos der Anmeldung überwunden hatten.

Aydinbey Gold-Dreams Hotel in Türkler

Eingangshalle des Hotels

Außenanlage

Da wir bei der Anmeldung All-inklusiv nachgebucht hatten, konnten wir auch Mittagessen gehen. Wir hatten Hunger. Für das Essen bedient man sich am Büffet, die Getränke müssen bestellt werden.
Ohne Frage führte unser nächster Gang zum Strand. Heute war es sehr windig und der herumfliegende Sand machte einen längeren Aufenthalt unangenehm. Deshalb beschränkten wir den Spaziergang am Strand auf das Wesentliche und kehrten anschließend auf unser Zimmer zurück. Klaus schlief ein Stündchen und ich entspannte mich eine Weile auf dem Balkon.

Um 17 Uhr fand eine Einweisung im Konferenzraum statt. Der wurde voll, alles Berge und Meer-Touristen, die heute angekommen waren. Zur Begrüßung reichte man uns einen Cocktail, alkoholfrei natürlich. Der Reiseleiter, der uns hier betreut, erzählte uns einiges über den Aufenthalt im Hotel, nahm auch gleich die ersten Anmeldungen für Ausflüge an und erklärte, wie wir die öffentlichen Verkehrsmittel nutzen können, da das Hotel mitten im Nichts liegt. Die angrenzende kleine Ortschaft heißt Türkler und bietet wohl keine Möglichkeit zum Bummeln gehen. Bis Alanya sind es zwanzig Kilometer, die nächste größere Ortschaft ist fünf Kilometer in die andere Richtung zu finden. Man könnte zwar mit dem Taxi fahren, aber das ist teuer. Die beste Möglichkeit bieten die Dolmuş. Das sind kleine Busse, die ständig in kurzen Abständen auf der Küstenstraße pendeln. Bis Alanya würde eine Fahrt 1,50 Euro kosten.

Klaus und ich hatten uns vorgenommen, hier tauchen zu gehen. Da die Örtlichkeit nicht so ist, wie wir uns das vorgestellt hatten, fragten wir den Reiseleiter, wo es Tauchmöglichkeiten gäbe. Der meinte, dass die nächste Tauchfahrt in drei Tagen sein würde und wir machten den Termin fest. Zwar wollte er auch gleich Geld haben, aber das mussten wir immer noch besorgen gehen. Wir versprachen ihm, es am nächsten Abend mitzubringen.

Das Abendbrot war wieder Massenabfertigung, man fand in dem großen Speisesaal kaum noch einen Platz. Das Angebot ist reichhaltig und schick dargeboten. Wir probierten so viel wie möglich von den zahlreichen und schmackhaften Leckereien. Dazu tranken wir beide Bier und anschließend ein paar Raki, All-inklusiv sei Dank.

Um 21.30 Uhr begann im Konferenzraum eine Kabarett- und Musicalshow. Dafür wurde der Raum entsprechend dekoriert. Das Programm sagte uns jedoch wenig zu und so verließen wir die Veranstaltung wieder.

Das erste Mal in diesem Urlaub standen wir erst um 8.30 Uhr auf, Frühstück gibt es bis 10 Uhr, nichts hetzt uns mehr. Wir können den Tag endlich in aller Ruhe beginnen lassen.

Nach dem Frühstück fuhren wir mit dem Dolmuş nach Avsallar, einem Ort fünf Kilometer in Richtung Antalya. Dort wollten wir uns unter anderem Geld besorgen. Zuerst liefen wir ein Stück, aber die Strecke ist zu weit zum Laufen und so ließen wir uns fahren.

In Avsallar bummelten wir schön gemütlich durch die Geschäfte, nur manchmal wurden wir von den Ladenbesitzern angesprochen. Es ist ein richtig entspanntes shoppen, anders als in Antalya. Da das alles eine Art Marktviertel ist, fahren auch keine Autos. Es ist also auch sauberer und ruhiger.

Ziemlich am Anfang unserer Tour stießen wir auf ein Ledergeschäft. Uns interessierte, was man hier so für feinste Lammlederjacken nimmt. Der Geschäftsinhaber bat uns auch gleich herein, wir sollten uns bei ihm umsehen. Wir wären an diesem Tag seine ersten Gäste, er hätte gerade aufgemacht und wir würden einen guten Preis bekommen. Naja, ob man das glauben soll?

Wir sahen uns um und Klaus fand gleich einen schönen hellen Lederblouson. Ich sah mich ebenfalls um und wurde bei einer schönen hellen Jacke fündig, kurz und tailliert.

Leider war sie eine Idee zu eng und mit einer größeren konnte der Verkäufer nicht dienen. Die anderen Jacken sagten mir alle nicht zu und so konzentrierten wir uns auf Klaus und seine Jacke. Vor der Verhandlung um den Preis lud uns der Verkäufer zu einem Tee und einem Raki ein, dann ging es los. Der Mann eröffnete die Preisverhandlung mit 150,- Euro. Soviel wollten wir aber nicht ausgeben, obwohl das angemessen gewesen wäre. Er zeigte uns sogar den Feuerzeugtrick. Ich bekam einen Schreck, aber es passierte nichts. Dann fragte er, was wir uns vorstellen würden. Ich gab einen Preis von 70,- Euro an, damit wir Spielraum haben. Um Gottes Willen, dafür würde er die Jacke nicht verkaufen, um keinen Preis, womit er ja Recht hatte. Am Ende einigten wir uns bei 120,- Euro.

Jetzt mussten wir endlich Geld haben. Ein Stück weiter befindet sich eine Wechselstube. Während Klaus im Laden blieb, begleitete der Verkäufer mich dorthin. Hier konnte ich unseren letzten Scheck eintauschen und auf die Karte noch zusätzliches Geld holen. Jetzt waren wir wieder liquide. Wir holten die Jacke ab, wünschten uns gegenseitig einen schönen Tag und Klaus und ich setzten unseren Bummel fort.

überall wird aufgeforstet und neu gepflanzt    Avsallar

In den Geschäften kann man alles bekommen: Jeans, T-Shirts, Schmuck, Schuhe und Lebensmittel. Wir hielten nach getrockneten Maulbeeren Ausschau. Einer unserer Mitfahrer auf der Rundfahrt hatte unterwegs eine ganze Tüte gekauft und jeder durfte die Beeren kosten. Die sind wirklich lecker. Leider fand ich keinen Laden, der diese Maulbeeren anbietet.

Es fällt auf, dass die türkischen Leckereien aus allerlei getrockneten Früchten und Nüssen bestehen. Nicht wie bei uns, aus ungesunden Chips und so etwas.

Zwischendurch machten wir einen kurzen Abstecher zum Strand. Der ist aber nicht schön, eher richtig wild. Viele Felsen lassen nur an wenigen Stellen Platz für einen winzigen Sandflecken.

In dem nahegelegenen Restaurant, es nennt sich Fischrestaurant, warfen wir einen Blick auf die Speisekarte, denn wir hatten Appetit auf Fisch. Leider war das Essen zum einen zu teuer und zum zweiten war nicht das im Angebot, was wir gerne essen wollten, sondern nur gemeine Brassen.

Wie überall am Mittelmeer wird auch hier nichts mehr gefangen, deshalb sind die Preise hoch und das Angebot an Fisch dürftig. Nur Forellen bekommt man überall, es muss viele Forellenzuchten geben.

So gingen wir wieder zu den Geschäften zurück und kamen an einem kleinen Imbiss vorbei, der mit einer osmanischen Pfanne lockte. Man hatte uns ans Herz gelegt, die unbedingt einmal zu probieren. Jetzt war die Gelegenheit gekommen und wir nutzten sie. Wir suchten uns im Außenbereich einen schönen Platz. Da ist es gemütlich, während das Ambiente innen eher abstoßend wirkt.

Das Wetter war herrlich und wir bestellten mit viel Vorfreude die osmanische Pfanne und Getränke dazu, dann warteten wir ziemlich lange. Zuerst kam ein riesiges Fladenbrot mit vielen großen Hügeln darauf, entsprechend verblüfft waren wir. Wenn wir das gegessen haben, kriegen wir kaum noch etwas anderes hinunter. Zum Brot gab es Knoblauchpaste, eine Rarität, denn die Türken haben es nicht so mit dem Knoblauch. Als wir das Brot anbrachen, merkten wir, das die Hügel alle hohl sind. Trotzdem blieb noch eine ganze Menge zu essen übrig. Es schmeckte hervorragend, dieses knusprige Fladenbrot mit Knoblauchpaste.

Endlich kam die Pfanne, die herrlich duftete. In der Pfanne lag Lammfleisch, mit Tomate in Olivenöl überbacken, ein Gedicht. So etwas Gutes bekommt man nur selten. Ein Teller Salat rundete das Ganze ab. Da hatten wir ganz schön zu tun, das alles zu schaffen und das Beste daran ist, es macht nicht dick.

Nach dem Essen spazierten wir an den übrigen Geschäften vorbei, um dann am Nachmittag mit dem Dolmuş zurück zum Hotel zu fahren.

Das Wort Dolmuş heißt: Der Bus ist zwar voll, aber es geht immer noch einer hinein. Ich weiß nicht, ob die Übersetzung stimmt, aber zutreffend ist das allemal. Man stellt sich einfach an den Straßenrand, hält die Hand hoch und schon hält der Bus. Oder man läuft die Straße entlang und wird vom Bus angehupt, kann dann einsteigen oder lässt es.

Beim Aussteigen funktioniert das genauso. Wenn man aussteigen will, meldet man sich einfach, bezahlt seinen Obolus beim Fahrer oder einem Kassierer und steigt aus, alles kein Problem. Diese Verfahrensweise kennen wir schon von den Philippinen. Schade, dass es so etwas in Deutschland nicht gibt.

Den Rest des Nachmittags verbrachten wir am Strand. Heute war es angenehmer, denn der Wind war nicht mehr so stark. Das Wasser kam mir kalt vor, daher war Klaus baden und ich nicht.

Der abendliche Raki nach dem Essen wurde inzwischen zum Ritual. Die ersten Abende setzten wir uns dafür in die Lobby des ersten Hauses und beobachteten das Treiben.

Für den heutigen Tag hatten wir uns zum Rafting angemeldet. Gestern Abend entschieden wir uns dafür, da es vom Veranstalter her der letzte mögliche Tag für solch eine Tour ist. Dann geht es erst im Frühjahr weiter, denn nun wird es zu kalt für Rafting. Da hatten wir aber Glück, denn das wollten wir schon lange einmal ausprobieren. Wir waren gespannt.

Der Preis für das Raftingabenteuer war, schon um 6.30 Uhr aufstehen zu müssen. Das Wetter ist herrlich, strahlend blauer Himmel, es wird ein richtig schöner Tag, wie für diese Tour gemacht.

Um 8.30 Uhr holte uns ein Auto vom Hotel ab, mit einer viertel Stunde Verspätung. Es saßen schon Leute drin, alles Russen. Die Fahrt führte uns durch Manavgat. Etwas weiter bogen wir nach Köprülü ab und legten eine Rast an einem kleinen Imbiss an. Dort sollten wir den Rest der Gruppe treffen. Erst hieß es, in einer viertel Stunde wären sie da, am Ende warteten wir eine ganze Stunde auf sie.

kleiner Imbiss vorm Köprülü-Tal

Dann ging es mit einem Kleinbus durch eine schöne Waldlandschaft weiter, bergauf und bergab, zum Köprülü-Canyon, der von der Küstenstraße etwa fünfzig Kilometer weit entfernt liegt.

Mitten im Nirgendwo hielt das Auto. Alle stiegen aus und es stellte sich heraus, dass Klaus und ich die einzigen Deutschen waren, zusammen mit achtunddreißig Russen. Extra für uns zwei schloss sich ein deutsch sprechender Reiseleiter an, der die russischen Erläuterungen der Guides übersetzte. Es fiel auf, dass es in der Türkei drei Hauptsprachen gibt, mit denen man überall durchkommt: Türkisch, Deutsch und Russisch. Russische Touristen machen neben den deutschen Touristen einen sehr großen Teil aus.

Zuerst bekamen wir etwas wärmeres zum Anziehen. Neoprenshorty, Neoprenschuhe und eine Schwimmweste wurden an jeden Teilnehmer ausgehändigt. Wer wollte, konnte sich auch noch einen Helm mitnehmen. Dazu bekam jeder ein Paddel in die Hand gedrückt.

Derart bepackt stiegen wir erneut in den Bus, der uns einen Kilometer weiter am Startpunkt absetzte. Hier wurden nun die Flöße und Kanus ins Wasser gesetzt. Bevor wir jedoch die Boote bestiegen, erzählte man uns auf Russisch, der deutschsprechende Reiseleiter hatte sich nach der Ausrüstungsausgabe verabschiedet, wie wir uns zu verhalten haben, wie wir einen sicheren Sitz haben und wie die Kommandos aussehen, denen wir folgen sollten. Klaus und ich verstanden zwar kein Wort, doch anhand der Gesten konnten wir dem Guide halbwegs folgen. Der Rest würde sich ergeben.

Was wir wissen mussten, waren die Kommandos. Da uns die russische Sprache nicht ganz fremd ist, fanden wir uns schnell wieder in die einfachen Worte hinein und so konnte es losgehen.

Empfang der Ausrüstung zum Raften          reizvoller Köprülü-Fluss

Alle stiegen in die Flöße und Kanus, das konnte man sich aussuchen, und schon wussten wir, wie kalt das Wasser ist, dass uns um die Füße spülte. Es war kaum auszuhalten. Ohne diese Anzüge, auch wenn sie kurz sind, würden wir uns den Tod holen.
Endlich ging es los, zuerst ganz langsam zum Eingewöhnen. Nach der ersten kleinen Stromschnelle stoppten wir nach fünfhundert Metern das erste Mal für eine Fotopause. An Land liefen wir ein Stück zu Fuß und erreichten so einen weiteren Fluss. Dort befindet sich ein schöner Freizeitplatz mit „Pool" und einer Hütte. Wer will, kann sich vom Veranstalter fotografieren lassen.
Ganz in der Nähe spannt sich eine Brücke über den Fluss, in deren Nachbarschaft eine weitere. Diese zweite Brücke ist eine römische Bogenbrücke, die sich zwanzig Meter hoch über den kleinen Canyon erhebt, durch den dieser Fluss kommt.
Jetzt schlug die Stunde der Mutigen. Wer mutig genug ist, kann sich von einem Felsvorsprung aus, so zirka zehn Meter hoch, in den Canyon hinunterstürzen. Eine ganze Menge Leute wagten diesen Sprung.
Nachdem jeder, der diesen Drang verspürte, befriedigt war, sollten wir uns alle für ein Gruppenfoto auf die römische Brücke stellen. Danach zeigten die Guides, was sie drauf haben und sprangen zwanzig Meter tief in den engen Canyon.
Das war etwas für Klaus, der sich am liebsten gleich angeschlossen hätte. Bei dem Glück, das wir in diesem Jahr jedoch hatten, war das Risiko ganz schön hoch. Die Guides wissen zudem, wie sie springen müssen und Klaus nicht. Schweren Herzens verließ er die Brücke auf normalem Weg.
Irgendwann ging es dann weiter. Wir stiegen wieder in die Flöße und fuhren in einem etwas höheren Tempo den Köprülü weiter hinunter: rechts vorwärts, links rückwärts, alle zusammen, wir folgten den Kommandos, wenn auch nicht immer einheitlich. Man muss sich erst an den Rhythmus gewöhnen.

Knapp einen Kilometer weiter legten wir für eine Mittagspause erneut an, dort, wo wir die Ausrüstung in Empfang genommen hatten. In der gemütlichen Hütte mit Grill und Bar bewirtete man uns mit Geflügelspieß, Salaten und Brot.

Jetzt muss ich erst einmal etwas einwerfen. Zur Zeit breitet sich die Vogelgrippe aus und sie ist auch schon in der Türkei und Griechenland angekommen. Daher vermieden wir es, im Hotel und anderswo Eier und Geflügel zu essen, soweit es möglich war. Auf den Ausflügen gibt es jedoch ausschließlich Geflügel, da kann man gar nicht anders, oder man isst sich an Salat und Brot satt. Da in der Türkei kein Schweinefleisch auf den Teller kommt und auch Rindfleisch nicht gerade üppig vorhanden ist, ebenso Lammfleisch nicht, bleibt nur noch Geflügel übrig.

Wir trösteten uns also mit der Aussage, wenn das Fleisch und die Eier gut erhitzt werden, kann nichts passieren. Die Hygiene beim Essen ließ eh nichts zu wünschen übrig, das ist alles einwandfrei. Nur beim Wasser soll man vorsichtig sein und nur Flaschenwasser trinken.

Nach dem Mittagessen paddelten wir noch eineinhalb Stunden weiter den Fluss hinunter. Derweil wurden wir immer mutiger und es ging immer schneller durch die Stromschnellen. Unterwegs stifteten die Guides die Leute zu Späßen an, so mit den Paddeln Wasser auf die anderen Leute spritzen, was bei der Wassertemperatur recht unangenehm war. Ein anderes Spiel ließ die Floßbesatzungen aufstehen, sich auf den Rand des Floßes stellen und die Arme beim Hoi, Hoi, Hoi sagen hochreißen. Dabei landeten fast alle im eiskalten Wasser.

An einer der Stromschnellen fiel bei uns ein Mann ins Wasser und landete dabei ziemlich hart auf einem Felsen, doch er nahm es gelassen. Auch manch anderer Rafter landete unsanft im Wasser, wie am Schluss zahlreiche Abschürfungen und blaue Flecke zeigten. Trotzdem überwog der Spaß auf dieser Raftingtour.

Das alles geschah in einer traumhaften Landschaft. Es sieht aus, als wären wir in Kanada und hätten Indian Summer. Solch eine Art von Landschaft hätten wir hier nicht vermutet, und die bekommen auch nur die Rafter zu sehen, denn die Gegend ist recht unzugänglich.

Irgendwann geht alles zu Ende und so legten wir kurz vor einer Flussbiegung endgültig an. Wir holten die Boote und Paddel aus dem Wasser und luden alles auf einen LKW, ebenso die Ausrüstung, die wir trugen.

Jetzt gönnten Klaus und ich uns erst einmal einen schönen, heißen Tee. Inzwischen kam der Aufruf, dass die Fotos fertig wären und wir gingen, um uns diese anzusehen. Da wir nicht selbst fotografieren konnten, waren wir auf ein Foto von den Profis angewiesen und ich wollte unbedingt eines haben. Schließlich macht man Rafting nicht alle Tage.

Diese Tatsache ist auch den Profis bewusst und so schlagen sie gleich richtig zu. Sie wollten für ein Foto fünf Euro haben. Wir fanden das unverschämt und verzichteten deshalb auf unser Foto.

Endpunkt der Tour

Unterwegs wurde jedoch nicht nur fotografiert, sondern auch ein Video gedreht. Das zeigte man uns jetzt. Es war sehr gut gemacht, zusätzlich mit dem Computer bearbeitet. Das heißt, das Video wurde mit Specialeffects und Musik untermalt. Es machte sehr viel Spaß, sich das Video anzusehen. Vor allem sah das Geschehen viel gefährlicher aus, als es tatsächlich war, wie die Boote in den Stromschnellen verschwanden und das Wasser ganz hoch spritzte. Das Beste daran waren die Gesichter der Leute.
Die meisten Leute kauften sich die DVD. Ich weiß nicht, was dafür verlangt wurde. Jedenfalls war es ein sehr schöner Tag.
Gegen 17.30 Uhr waren wir wieder im Hotel. Kurz nach 18 Uhr ging die Sonne unter.

Blick vom Hotelzimmer aus

Sonnenuntergang

Auch heute hatten wir volles Programm, denn es war ein Tauchtag. Um 8.50 Uhr brachte uns ein Auto nach Alanya, in dem schon Holländer saßen. In Alanya stießen noch mehr Leute dazu, auch zwei deutsche Mädchen. Wenigstens waren wir heute nicht allein.

Zuerst fuhren wir die Tauchbasis der Active Divers an. Die liegt direkt am Fuß der schmalen Straße, die zur Festung hinaufführt.

In der Tauchbasis wurden zuerst die Brevets kontrolliert und wie üblich das Blatt unterschrieben, auf dem steht, dass man für alle Vorkommnisse selbst verantwortlich ist. Dann wurde die Verpflegung in einen Pickup geladen und wir fuhren mit diesem und dem Bus zu einem Tauchboot im unterhalb gelegenen Hafen.

Tauchbasis in Alanya

Auf diesem Boot erhielten wir die nötige Ausrüstung. Klaus und ich hatten in weiser Voraussicht unsere eigenen Automaten mitgenommen. Das war auch besser so, nachdem wir sahen, in welchem Zustand die Leihautomaten sind.

Als ich mitbekam, dass alle nur einen Shorty-Anzug erhielten, war ich entsetzt, weil ich so leicht friere. Deshalb fragte ich, ob sie nicht einen langen Anzug für mich hätten, und schon war ich kuschelig warm angezogen.

Jetzt waren alle versorgt und wir verließen dieses Boot wieder, um auf ein anderes, größeres Boot umzusteigen, das ein Stück weiter im Hafen lag. Es war vom Stil her einem Piratenschiff nachempfunden. So ein Holzschiff hat wirklich etwas warmes und anheimelndes.

Tauchboot                                   Spitze der Halbinsel von Alanya

Auf diesem Boot tummelten sich schon eine Menge Leute. Es war das erste Mal, dass wir mit so einem großen Tauchboot und so vielen Leuten fuhren. Das kann ja lustig werden, wenn die alle auf einmal ins Wasser wollen, aber mitgehangen, mitgefangen. Dann legte das Boot ab und fuhr, während wir uns auf dem Sonnendeck aufhielten, um die Halbinsel von Alanya herum, auf der die Festung steht. Von See aus hat man einen schönen Blick auf die Festung und wir nahmen uns vor, diese auch noch zu besuchen.

Es waren viele Boote unterwegs, die den Touristen zum Beispiel die Höhlen zeigen, die sich überall im Felsen befinden.

Wir ankerten auf der anderen Seite des Felsens. Das Wasser ist glasklar, so dass man tief hinunter und den Meeresboden sehen kann.

Nun war es an der Zeit, sich für das Abtauchen bereit zu machen. Auf dem unteren Deck legten wir die Ausrüstung an. Unsere Gruppe, sechs Personen plus Guide, ging nach dem Briefing als erste von Bord. Nacheinander sprangen wir ins Wasser, wo wir uns sammelten, um dann zusammen abzutauchen. Die Sichtweite ist mit über fünfzig Meter direkt berauschend. So haben wir es gerne.

Langsam tauchten wir tiefer, immer am Felsen entlang. Es sieht toll hier unten aus, eine abwechslungsreiche, hügelige Landschaft mit vielen Felsen dazwischen. Es sieht jedoch ziemlich kahl aus, denn es fehlt der Bewuchs. Nur etwas tiefer finden sich kleine Seegraswiesen, sonst gibt es nichts.

Auffallend sind jedoch die vielen Feuerwürmer, die wohl noch genug Nahrung finden. Ein paar Brassen und Mönchsfische, sowie zwei Papageienfische kreuzten unseren Weg, hier und da lag eine Seegurke am Boden. Bloß gut, dass wir nur zwei Tauchgänge gebucht haben. Mehr muss man davon hier auch nicht haben, fanden wir.

Nach einer Weile kamen wir an eine kleine Höhle. Die anderen tauchten alle hinein, ich traute mich nur soweit, wie es nicht zu dunkel wurde. An den Wänden haben sich verschiedene Schwämme angesiedelt, die im Schein der Lampen bunt leuchten. Sonst ist auch hier nichts zu holen. Gegen diese Stelle hier sind die kroatischen Tauchgewässer ein wahres Paradies.

Nicht weit von dieser Höhle entfernt kamen wir zu einem halbrunden Tunnel. Durch den konnte auch ich hindurch tauchen. Ab hier begannen wir den Rückweg. Plötzlich reißt jemand an meinem Arm. Was war jetzt los? Ich sah Klaus, wie er sich meinen Oktopus, den Zweitautomaten, angelte. Dann zeigte er mir seinen Automaten, ich meine, das was von ihm noch übrig war. Er war auseinander gefallen. Wie kann denn so etwas passieren?

Gleich darauf kam unser Guide zu mir und zeigte mir etwas. Ich konnte nicht erkennen, was es war. Klaus bekam davon nichts mit, denn der war schon damit beschäftigt, nach dem fehlenden Stück zu suchen. Wir verständigten uns darauf, dass Klaus und ich auftauchen und unser Guide mit den anderen den Tauchgang beendet. Das war ja ein schönes Dilemma, denn es gab keine Chance, das fehlende Stück wiederzufinden. Deprimiert tauchten wir zusammen auf und legten den Rest des Weges schwimmend zurück.

An Bord überreichte unser Guide Klaus das fehlende Stück des Automaten. Er muss den Unfall wohl gleich mitbekommen haben und hatte das Stück aufgesammelt. Das war es auch, was er mir unter Wasser zeigte. Ich erkannte es nicht, weil der Automat, den Klaus benutzte, gelb ist und dieses Teil war schwarz. Da hätten wir uns das ganze Kopfzerbrechen über den Verlust sparen können. Überhaupt war unser Guide sehr aufmerksam, sah sich ständig nach uns um und kümmerte sich rührend um seine Gruppe. Auch tauchte er sehr langsam, so dass man genug Zeit hatte, sich umzusehen. Das kommt nicht so oft vor.

In der Vorbereitung zu diesem Urlaub hatten wir gelesen, dass die meisten türkischen Tauchguides ehemalige Kampftaucher sind. Da soll es schon recht ruppig zugehen, aber davon spürten wir nichts. Die Taucherfahrung dieser Guides kann nur von Vorteil für ihre Schützlinge sein. Man ist bei ihnen wirklich gut aufgehoben.

Die Mittagspause verbrachten wir auf dem Boot, auf dem es sogar eine kleine Küche gibt. In der grillte der Smutje leckere Hähnchenspieße, zu denen Nudeln und Salat sowie Getränke gereicht wurden. Der Appetit war groß und es schmeckte lecker. Danach sonnten wir uns eine Weile auf dem Oberdeck, bei herrlichem Wetter.

Ankerplatz zur Oberflächenpause

Nach zwei Stunden machten wir uns für den zweiten Tauchgang fertig. Es war mehr als unangenehm, in den nassen, kalten Anzug zu steigen. Klaus´ Automat war inzwischen repariert. Hoffentlich hält er.

Diesmal tauchten wir in die andere Richtung. Wieder tauchten wir durch einen Tunnel und durch eine schöne Landschaft, wieder gab es keinen Bewuchs. Diesmal trafen wir aber unverhofft auf eine Muräne. Ich traute meinen Augen nicht, denn im Mittelmeer hatten wir noch keine Muränen gesehen. Als auch noch ein Flötenfisch unseren Weg kreuzte, war die Überraschung perfekt. Flötenfische hätte ich nie und nimmer hier erwartet, das sind eigentlich tropische Fische, meinte ich jedenfalls.

So entschädigte uns wenigstens dieser Tauchgang. Auf dem Rückweg trafen wir auf einen riesigen Schwarm kleiner Quallen mit langen, dünnen Fäden. Das bedeutet in den meisten Fällen: Gefahr! Bloß gut, dass ich in einem langen Anzug steckte. Meine Hände hielt ich bei mir, so konnten die Quallen mich nicht erwischen. Ich wusste nicht, ob sie nesseln oder nicht, Vorsicht ist die Mutter der Porzellankiste. Nur einmal spürte ich ein leichtes Brennen auf meiner Hand. Ich versuchte, den Quallen auszuweichen, doch sie waren überall.

Auf dem Boot zurück, legten wir die Ausrüstung ab und packten sie in die Taschen zurück, die wir mitbekommen hatten. Dann gesellten wir uns wieder zu den beiden deutschen Mädchen, mit denen wir gekommen waren. Die eine von ihnen hatte eine sehr unangenehme und intensive Bekanntschaft mit den Quallen gemacht. Sie hatte zwei große Nesselverletzungen am Arm und es war nichts an Bord, um ihr zu helfen. Das muss höllisch gebrannt haben. Sie sagte, es fühlt sich wie rohes Fleisch an.

Nach und nach kamen alle Taucher wieder an Bord. Entgegen unseren Befürchtungen verteilen sich die Tauchergruppen zeitlich, so dass das Ganze sehr ruhig abläuft. Es sind auch Leute an Bord, die nur mal so mitfahren oder schnorcheln wollen.

Gegen 15.30 Uhr fuhr das Boot nach Alanya zurück. Wir brauchten nur unsere eigenen Sachen mitzunehmen, die Ausrüstung brachten die Angestellten der Tauchbasis auf das Boot zurück, auf dem wir sie in Empfang genommen hatten. Unser Weg führte uns direkt in die Tauchbasis, wo wir die Logbücher schrieben und Stempel sammelten.

Rückkehr nach Alanya

Promenade von Alanya

Danach wurden wir alle wieder auf unsere Hotels verteilt. Für Klaus und mich bot sich jetzt ein Saunagang an. Deshalb suchten wir unser Zimmer auf, spülten dort die Tauchklamotten und bereiteten uns auf die Sauna vor.

Diesmal ließen wir uns richtig Zeit für die drei Saunagänge, es drängte uns niemand. Zwischendurch stiegen wir in den Whirlpool oder drehten im Schwimmbecken ein paar Runden, eine wirkliche Wohltat.

Nach dem Abendbrot, dass bei den vielen Leuten wirklich keinen Spaß macht, setzten wir uns in die Lobby des zweiten Hauses. Dabei fiel uns auf, dass die Decke, die tagsüber blau ist, abends wie ein Sternenhimmel erscheint. Wenn es dunkel wird, ist es recht frisch für einen Aufenthalt draußen.

Während wir so saßen, begann der Barkeeper hinter seiner Cocktailbar mit einer Wunderkerze zu shaken, wenig später sogar mit „Molotowcocktails". Er lieferte dabei eine zirkusreife Vorstellung ab, die die Leute zum Cocktailtrinken animieren soll. Die Cocktails kosteten jedoch ab sechs Euro und wir entdeckten niemanden, der sich einen abholte. Dafür gingen zwei Kellner mit einem Punschkessel durch die Reihen. Den schien es umsonst zu geben, denn da griffen die Leute wieder zu. Klaus und ich blieben beim Raki, mal mit Wasser verlängert, mal pur.

Endlich konnten wir noch einmal ausschlafen, den Tag ganz gemütlich beginnen. Nach dem Frühstück war der Strand unser Ziel. Der Wind wehte kaum und das Wasser war etwas wärmer als letztens. Beim Tauchen hatten wir eine Wassertemperatur von 22 - 24°C. Das ist wärmer, als es mir vorkam.

Die Zeit vertrieben wir uns ein Buch lesend, oder wir genossen einfach nur das Nichtstun. Das muss auch mal sein. Hin und wieder fuhr jemand Jetski oder war zum Parasailen unterwegs.

Nur zum Mittag verließen wir den Strand. Zwar werden an der Strandbar auch Snacks angeboten, aber die sagten uns nicht zu. So mussten wir uns zivilisiert anziehen und im Restaurant des Hotels essen gehen.

Gegen 15.30 Uhr verließen wir den Strand endgültig, um einen Spaziergang durch das Hinterland zu machen. Uns interessierte schon, wie es in dem Ort hinter dem Hotel aussieht.

Zuerst kamen wir an einem weiteren Hotel vorbei und an einem Neubau, der wahrscheinlich auch ein Hotel werden soll. Dahinter beginnt der Ort Türkler. Überall stehen Gewächshäuser, in denen Auberginen, Gurken, Bohnen und Tomaten gezogen werden. Hier an der Küste wird viel Gemüse angebaut, aber auch Bananen findet man. So bummelten wir durch die Straßen und kamen an einem Busch mit Minizitronen vorbei. Davon stibitzten wir uns eine, um sie im Hotel zu probieren.

Die Runde führte uns immer weiter vom Strand weg. Irgendwann bogen wir dann nach links ab. Der Bewuchs wird immer wilder. Während ich mich in der Landschaft umsah, war Klaus plötzlich verschwunden. Wo war er schon wieder? Ich rief nach ihm und bekam aus dem Dickicht eine Antwort. Dann kam er mit einem schönen Granatapfel wieder.

Immer weiter folgten wir der Straße, bis wir feststellen mussten, dass sie eine falsche Richtung einschlägt. Inzwischen war es zu spät für Experimente. Ich war mir sicher, dass die Straße uns auch wieder zurück gebracht hätte, aber wir entschieden uns sicherheitshalber dafür, denselben Weg zurück zu gehen, den wir gekommen waren. So erreichten wir gerade noch zum Sonnenuntergang den Strand.

Spaziergang durch Türkler

abendlicher Strand von Türkler

Sonnenuntergang über dem Meer

Dort trafen wir auf das Dresdner Ehepaar, dass wir bei der Rundfahrt schon einige Male getroffen hatten. Wir unterhielten uns mit ihnen und es stellte sich heraus, dass sie jemanden kennen, der an der Erdgastrasse in der ehemaligen Sowjetunion arbeitete. Da eröffneten wir ihnen, dass wir ebenfalls dort waren und schon hatten wir Gesprächsstoff. Die Welt ist doch so klein, das zeigt sich immer wieder.
Als die Sonne wunderschön untergegangen war, wurde es schlagartig kalt und wir lenkten unsere Schritte ins Hotel zurück.

Zum Abendbrot trank das junge Pärchen, neben das wir uns setzten, einen Weißwein namens „APHRODIT". Wir fragten, ob der schmeckt und sie empfahlen ihn uns. So bestellten wir auch eine Flasche und siehe da, wir hatten doch noch einen trinkbaren Wein gefunden.

Für heute hatten wir uns einen Bummel durch Alanya vorgenommen. Mit dem Dolmuş fuhren wir die zwanzig Kilometer nach Alanya, bis zur Endstation im Zentrum der Stadt.
Zuerst wollten wir die Burg besuchen. Als wir versuchten uns zu orientieren, sprach uns ein Taxifahrer an. Wo wir hin wollen, fragte er. Wir antworteten ihm, dass wir einen Weg zur Burg suchen. Man hatte uns auch schon gesagt, dass es etliche Kilometer steil bergauf zu laufen wären. Deshalb entschieden wir uns für das Taxi und zahlten dafür etwa zehn Euro. Zuerst wollte er vierzehn Euro haben, das ist wohl ein Standardpreis, doch dafür verweigerten wir die Mitfahrt.
Am Ende waren wir froh, dass wir uns für die Fahrt entschieden haben, denn da hätten wir ganz schön laufen können.

herrliche Ausblicke

auf der Festung von Alanya

Blick auf Alanya

Oben angekommen, stiegen wir aus dem Auto und standen vor dem Eingang zur Burg. Für etwa sieben Euro pro Person ist das Innere der Burg zu besichtigen. Diese Burg ist schon seit ältesten Zeiten bewohnt, erst von den Hellenisten, später von den Seldschuken, den Osmanen und den Römern. Von hier oben bieten sich schöne Aussichten auf das blaue Meer und die Stadt.

Nach der Besichtigung begannen wir langsam den Abstieg. Dabei kamen wir an etlichen Verkaufsständen mit Tüchern, Taschen, Decken und so weiter vorbei, sowie an gemütlichen Cafés und Restaurants, immer mit herrlichem Blick.

An einem der Stände wurde frisch gepresster Granatapfelsaft verkauft, und wir hatten Durst. Granatapfelsaft haben wir bisher auch noch keinen getrunken. Ohne nach dem Preis zu fragen, ließen wir uns ein Glas auspressen. Danach bezahlten wir ganze zwei Euro. Wo ist denn der Türkeiurlaub heute noch billig? Also wir fanden, dass man als Tourist mehr als angemessen ausgenommen wird.

Überall auf der felsigen Halbinsel finden sich Ruinen und alte Mauern der antiken Stadt, die hier einmal existierte. Mit jedem Schritt läuft man auf Geschichte. Die Ausblicke sind immer wieder beeindruckend.

Schneller als gedacht, waren wir wieder unten. Dabei erreichten wir durch schmale Gassen, mit zum Teil sehr schönen Häusern, den Roten Turm. Von dort aus spazierten wir die Promenade am Hafen entlang, bis zum Strand im Westen. Im Hafen warten Ausflugsboote auf Kunden. Die meisten Boote fahren um die Halbinsel herum.

Die Promenade ist sehr schön angelegt und es ist ruhig, so dass man sich richtig wohl fühlt.

Am Strand kühlten wir erst einmal unsere Füße. Das Wasser ist auch hier glasklar und die ganze Bucht ist sehr flach. Durch die großen Felsen, die in dieser Bucht liegen, ist das Baden allerdings nicht ganz ungefährlich. Es hat hier wohl schon gebrochene Füße und Zehen gegeben. An unserem Strand in Türkler wird es sehr schnell tief, und wenn man innerhalb der Absperrung bleibt, kann so etwas nicht passieren.

Jetzt wollten wir uns noch ein wenig die Stadt ansehen. Hinter der Promenade liegt ein kleiner, aber feiner Stadtpark mit Brunnen, ehe es zum Basar geht.

Zeit zum Ausruhen auf der Promenade            im Stadtpark von Alanya

Wir bummelten eine Weile durch den Basar, konnten aber nichts interessantes finden. Dann erreichten wir den Dolmuş-Parkplatz, wo wir ausgestiegen waren. Da wir noch nicht ins Hotel zurück wollten, lenkten wir unsere Füße jetzt in die andere Richtung. Dort finden sind ganz normale Straßen mit Geschäften, Büros und Verkehr.
Klaus wollte unbedingt einen türkischen Friseur aufsuchen. Wir fragten in verschiedenen Friseurläden nach den Preisen, aber sie schienen uns zu hoch. Dann fanden wir doch einen Friseur, der einen vernünftigen Preis für seine Dienstleistung nahm. Klaus setzte sich auf den Stuhl und der Friseur schnitt ihm ganz akkurat den Bart, dann flämmte er die Haare von den Ohren. Das dauerte eine ganze Weile. Anschließend folgte eine ziemlich rabiat aussehende Massage durch den Friseur und seinem Helfer. Dabei wurden die Arme, der Rücken und der Nacken gelockert. Ich wusste nicht, ob ich Klaus helfen oder beneiden sollte. Zum Schluss zerstäubte der Friseur eine Prise Parfüm über Klaus. Das Ergebnis konnte sich sehen lassen.
Langsam plagte uns nun der Hunger. Wir hatten unterwegs ein Einkaufszentrum gesehen, vielleicht bekommen wir dort etwas zu essen. Im Untergeschoss befindet sich ein Supermarkt, durch den wir interessehalber schlenderten. Dabei stießen wir auf einen kleinen Fleischstand, der mit einer Paste umschlossenen, schönen festen Schinken, anbot. Der sah lecker aus und wie wir so guckten, reichte der Mann uns ein paar Scheiben zum Probieren. So wie der Schinken aussah, schmeckte er auch und wir kauften etwas davon. Sonst fanden wir nichts weiter und verließen den Laden wieder. Das Obergeschoss des Einkaufszentrums bietet einen Imbiss, wo wir jeder einen Iskander-Kebab und etwas zu trinken kauften. Der Kebab war lecker, mit krossem Kalbfleisch, Fladenbrot, Knoblauchsoße und Tomaten, und so reichlich, dass wir die Portionen kaum schafften.
Jetzt konnten wir nach Türkler zurück fahren. Alanya ist eine sehr hübsche, nicht zu große und ruhige Stadt, ganz das Gegenteil von Antalya. Hier leben ein paar Tausend Deutsche, die aus Deutschland ausgewandert sind und sich hier niederließen. Ein paar Deutsche sind aber auch nur zum Arbeiten hier. Es ist ein wirklich schönes Stückchen Erde.
Den Rest des Tages verbrachten wir lesend am Pool, bis die Sonne unterging.

Da wir für den heutigen Nachmittag einen Termin für das türkische Bad hatten, mussten wir uns etwas für den Vormittag einfallen lassen. Wir entschieden uns dafür, mit dem Dolmuş in einen anderen der benachbarten Orte zu fahren, nach Konakli. Das liegt Richtung Alanya, zirka sechs Kilometer weit. Konakli ist ähnlich wie Avsallar, nur nicht so hübsch und so groß. Hier kaufte ich mir zwei Jeans und für die Enkel Badetücher mit Kinderfilmfiguren darauf. Damit hatten wir unser letztes Geld ausgegeben, es war der letzte Urlaubstag.

Um nach Türkler zurück zu kommen, spazierten wir erst ein ganzes Stück des Weges, dann stiegen wir in ein Dolmuş ein. Merkwürdigerweise waren wir die einzigen Fahrgäste. Ein Stück weiter hielt der Fahrer an und bat uns auszusteigen, da er wusste, dass wir es nicht mehr weit hatten. Er legte hier am Strand eine Pause ein.

Da standen wir nun und machten aus der Not eine Tugend. Den Rest des Weges, es war noch eine dreiviertel Stunde am Strand entlang, hieß es wieder zu Fuß zu gehen. Gerade rechtzeitig zum Mittag kamen wir im Hotel an.

Bis zum Termin im türkischen Bad verbrachten wir die Zeit lesend, später saunierten wir noch etwas, bis wir für das türkische Bad aufgerufen wurden. Das fiel diesmal so gründlich aus, dass ich fast Angst hatte, ohne Haut wieder herauszukommen, Peeling, Schaumbad mit Massage, Gesicht und Haare waschen und zwischendurch immer wieder abspülen. Danach ruhten wir in ein Handtuch gewickelt eine viertel Stunde und bekamen dabei auch noch einen Drink. Nun hatte der Kreislauf Zeit, ein wenig herunterzufahren.

Anschließend war es Zeit für die halbstündige Ölmassage. Die war herrlich, viel besser als in Pamukkale. Ich konnte hinterher sogar meinen „festgerosteten" Arm wieder bewegen. Warum hat man solch einen Masseur nicht zu Hause? So einmal im Monat wäre das schon gut.

Wie neu geboren sahen wir uns nach der Massage den Sonnenuntergang vom Strand aus an. Es war der letzte Sonnenuntergang an der türkischen Adria, morgen fliegen wir wieder nach Hause. Die Natur gab noch einmal alles.

Rückfahrt auf dem Küstenhighway

Abreisetag. Um 15 Uhr sollte die Abfahrt sein. Wir packten die Sachen und gingen anschließend ein letztes Mal zum Baden an den Strand. Kurz vor 12 Uhr räumten wir das Zimmer, checkten aus und deponierten die Koffer in einen Raum neben der Rezeption, gingen Mittag essen und verbrachten die restliche Zeit am Pool. Kurz vor Abfahrt zogen wir uns um, dann fuhr der Bus zum Flughafen ab. Schon wieder war ein Urlaub zu Ende.

Alles lief reibungslos, bis wir in Frankfurt ankamen. Klaus hatte seinen Sohn per Handy erreicht, der schon am Flughafen auf uns wartete. Es war 23 Uhr.

Noch während wir auf die Koffer warteten, kam eine Durchsage, dass der Besitzer eines Simmerner Fahrzeugs zu seinem Auto kommen sollte. Wir waren uns nicht sicher, ob das unser Auto war, hatten aber ein komisches Gefühl. Als wir auf dem Parkplatz ankamen, war niemand da. Klaus rief seinen Sohn noch einmal an. Sein Gesicht wurde dabei immer länger und aufgeregter. Das Auto brannte gerade in der Tiefgarage. Na, das hat jetzt noch gefehlt. Es war schon einige Tage nichts mehr passiert, jetzt holte uns unser diesjähriges Pech wieder ein.

Als wir in der Tiefgarage eintrafen, qualmte es mächtig. Klaus´ Sohn stand völlig fertig neben seinem Auto, die Feuerwehr löschte gerade noch den Kabelbrand. Was sollten wir jetzt tun? Zuerst regelten wir das formelle und besorgten den ADAC, dann riefen wir Klaus´ Schwager an und schmissen ihn aus dem Bett. Bis wir dann endlich zu Hause waren, zeigte die Uhr 2.30 Uhr an und wir beschlossen, wenn irgend möglich, den nächsten Urlaub vom Flughafen Hahn aus zu starten, der in unserer Nähe liegt.

Die Türkei ist ein wunderschönes, abwechslungsreiches Reiseland mit sehr freundlichen Bewohnern. Leider sind die Hochburgen des Tourismus nicht das, was wir bei einem Land suchen, aber bei organisierten Rundreisen gehören diese Ziele eben mit dazu.

Vor allem das Essen ist sehr zu empfehlen. Die türkische Küche ist leicht, lecker und gesund. Es war der erste Urlaub, bei dem wir nicht zunahmen, obwohl wir ab und zu mehr aßen, als es üblich ist.

Gerne kommen wir wieder, um vor allem die Ägaisküste zu besuchen, irgendwann.

Wenn Ihnen oder Euch unser Reisebericht aus der Türkei gefallen hat, würde es uns freuen, wenn Sie/Ihr ein Urteil (Rezension) in dem Shop hinterlassen würdet, in dem Sie/Ihr das ebook gekauft haben/habt. Vielen Dank schon einmal im Voraus.
Oder besuchen Sie/besucht uns gerne unter www.akweltenbummler.com.